Negócio escalável

CARO LEITOR,

Queremos saber sua opinião sobre nossos livros.
Após a leitura, curta-nos no facebook.com/editoragentebr,
siga-nos no Twitter @EditoraGente,
no Instagram @editoragente
e visite-nos no site www.editoragente.com.br.
Cadastre-se e contribua com sugestões, críticas ou elogios.

Boa leitura!

Oséias Gomes

Negócio escalável

Como transformar sua ideia em uma startup bem-sucedida

Diretora
Rosely Boschini

Gerente Editorial Sênior
Rosângela de Araujo Pinheiro Barbosa

Editora
Audrya de Oliveira

Editora Júnior
Carolina Forin

Assistente Editorial
Tamiris Sene

Produção Gráfica
Fabio Esteves

Preparação
Natália Domene

Capa
Thiago Barros

Projeto gráfico
Vivian Oliveira

Diagramação
Linea Editora

Revisão
Renato Ritto
Andréa Bruno

Impressão
Rettec

Copyright © 2022 by Oséias Gomes
Todos os direitos desta edição
são reservados à Editora Gente.
Rua Natingui, 379 – Vila Madalena
São Paulo, SP – CEP 05443-000
Telefone: (11) 3670-2500
Site: www.editoragente.com.br
E-mail: gente@editoragente.com.br

Dados Internacionais de Catalogação na Publicação (CIP)
Angélica Ilacqua CRB-8/7057

Gomes, Oséias
    Negócio escalável: como transformar sua ideia em uma startup
bem-sucedida / Oséias Gomes. - São Paulo: Editora Gente, 2022.
    176 p.

    ISBN 978-65-5544-198-7

    1. Negócios 2. Empreendedorismo I. Título

22-1005   CDD 174.4

Índice para catálogo sistemático
1. Negócios

NOTA DA PUBLISHER

As startups têm realizado uma revolução no meio empresarial e no mundo, revolução positiva, que trouxe inovação, atualização e reestruturação de modelos tradicionais, pois o que dá certo geralmente é copiado ou serve de inspiração.

Ao criar uma empresa, é obvio que nós, empreendedores e empresários, sonhamos com as mudanças positivas que proporcionaremos à sociedade e, claro, com o sucesso financeiro. Acontece que nem sempre é fácil administrar um negócio e, no caminho para um empreendimento bem-sucedido, é importante contarmos com pessoas capacitadas e solidárias que podem mostrar o caminho das pedras, como o Oséias Gomes.

Oséias é um gestor exemplar, possui vasta experiência na administração e gestão de negócios, sabe bem como fazer um estabelecimento crescer de maneira produtiva. Aprendeu o caminho para o sucesso se arriscando, como quando largou seu emprego tradicional e seguro, pegou suas economias e abriu a sua primeira empresa. Modelo de empreendedor e gestor, Oséias é dono da maior franquia odontológica do país, que alcançou essa marca apenas nove anos após sua fundação.

Generoso, ativo e sempre com o desejo de continuar contribuindo com a sociedade, aqui, nesta obra, o autor compartilha conosco toda a sua expertise no desenvolvimento de uma startup bem-sucedida, garantindo a longevidade do negócio e sua marca no mercado.

Negócio escalável é uma leitura enriquecedora para todos que desejam independência financeira assegurando o sucesso do negócio e do time e, claro, sempre aprender com pessoas incríveis.

Boa leitura!

Rosely Boschini
CEO e publisher da Editora Gente

NEGÓCIO ESCALÁVEL

Como transformar **sua ideia** em uma **STARTUP** **bem-sucedida**

*Aos que vivem o sonho
de empreender e inovar.*

SUMÁRIO

Apresentação

14

Prefácio

26

Introdução

32

1 Você está disposto a chegar ao topo?

36

2 Antes de tudo, prepare a sua mente

48

3 A empresa do amanhã começa hoje

68

4
Coloque sua empresa no formato adequado

92

5
Encontre o mercado certo

114

6
Dê acesso ao consumidor

130

7
Crie longevidade para o seu negócio

146

8
Uma grande montanha pode ser escalada com sucesso em um curto prazo

160

9
O sonho é uma realidade possível e está ao seu alcance

170

Este livro deveria ter sido publicado há muito tempo! Não porque eu tenha pressa em compartilhar meu conhecimento e minhas experiências, ou porque houve alguma interferência no processo de publicação dele, mas por um motivo de força muito maior. Antes de começar a contar para você os passos para ter uma empresa adaptável e bem estruturada, quero compartilhar o que aconteceu comigo.

Estávamos em 2020, início da pandemia da covid-19 no mundo, e eu, empreendedor, sentia na pele as angústias das incertezas do momento, do lockdown nas cidades, dos colaboradores inseguros e dos franqueados que me perguntavam o que deveriam fazer. Naquela hora, senti fortemente o peso de ser o CEO de uma enorme multinacional – ser um empresário era um sonho desde a minha adolescência, mas, tendo conquistado tal posição, quem imagina passar por um momento de tamanha responsabilidade como aquele?

Assumi as rédeas da situação, acalmei todos a minha volta, cuidei ainda mais das trincheiras da minha franquia e tomei as providências cabíveis para o momento, cortando custos excessivos e obedecendo às regras sanitárias recomendadas. Fiquei atento a cada decreto emitido pelo governo. Ações como ficar em casa, manter o distanciamento, usar máscara no rosto, álcool em gel nas mãos e onde tocava – tudo foi acatado por mim e por meus colaboradores como deveria ser.

Segui todos os protocolos por meses, até que, em setembro do mesmo ano, com a capacidade operacional da minha empresa reduzida, em uma sala ventilada, seguindo o distanciamento entre as pessoas, todas vestindo máscara, enfim, tudo conforme as regras estabeleciam, precisei participar de uma reunião presencial com outras pessoas. Após alguns dias, comecei a sentir fortes dores musculares, febre, fraqueza, cansaço excessivo e falta de ar.

Acreditando ser apenas um resfriado ou algo simples – afinal, setembro é época de clima instável na minha cidade, com chuvas, frio e calor no mesmo dia –, achei que poderia ser apenas uma queda do meu sistema imunológico e que logo estaria bem. Mesmo assim, incentivado pela minha esposa, fui ao médico. Lá, fiz um exame para testar a possibilidade de ter sido contaminado pelo coronavírus. Fiz o teste por recomendação médica e também por desencargo de consciência, mas nunca passou pela minha cabeça que seria algo além de um resfriado por mudança de temperatura.

Resultado do teste? Positivo! Mas não parou aí. Pela baixa saturação de oxigênio no meu organismo, já naquele momento inicial fui internado. Passei os piores dias da minha vida.

AÇÕES COMO FICAR EM CASA, MANTER O DISTANCIAMENTO, USAR MÁSCARA NO ROSTO, ÁLCOOL EM GEL NAS MÃOS E ONDE TOCAVA — TUDO FOI ACATADO POR MIM E POR MEUS COLABORADORES COMO DEVERIA SER.

Em cinco dias, fui entubado e permaneci vinte e um dias na Unidade de Terapia Intensiva (UTI) em um hospital da minha cidade. Foram dias difíceis para mim e para minha família. Na época, evitamos contar abertamente a notícia, pois ter o líder da empresa hospitalizado e respirando por aparelhos pode gerar uma certa fragilidade em todos que rodeiam e colaboram com o empreendimento. Desmotivar a todos não era uma boa ideia naquele período.

Das poucas lembranças que tenho daquela situação, a mais impactante foi a necessidade de ser forte, de me acalmar e de aprender a respirar junto com a máquina interligada comigo – um equipamento que liberava o oxigênio automaticamente em frações de segundos e que me fazia ter de forçar meus pulmões a respirar no mesmo ritmo. Fraco e com dores, acredite, não foi nada fácil.

Com o tempo, fiquei curado do vírus, as dores foram embora, a febre cessou e consegui, lentamente, me recuperar. Pude finalmente voltar para o quarto e ter a assistência e o apoio da minha esposa, além do celular em mãos para conversar e tranquilizar minha família. Após quatro dias no quarto do hospital, entretanto, tive um mal súbito ocasionado por um trombo no pulmão – e corria sérios riscos de acontecer um também no cérebro.

Mais uma intubação, entrei em coma profundo – agora de modo natural – e de novo fui para a UTI. O desespero e as incertezas tomaram conta da minha família e dos meus amigos, que naquela altura já sabiam o que havia acontecido, e a busca por esperança era enorme. Esperança porque

APRESENTAÇÃO

não havia mais o que fazer por mim. Todos os protocolos e procedimentos para que eu reagisse e despertasse do coma já haviam sido feitos. Meu organismo era quem precisava trabalhar.

Passei dias no mais completo estado vegetativo – apresentava sinais vitais, mas estava inconsciente e sem qualquer reação. Segundo estatísticas recentes,[1] oito em cada dez pacientes que são entubados e levados ao coma induzido por sequelas da covid-19 morrem. E eu já estava na segunda intubação. Se não reagisse logo, não teria mais o que fazer. O último recurso disponível era desligar o aparelho que me permitia respirar para induzir meu corpo a reagir sozinho, e essa alternativa seria o lance final: ou eu despertaria e começaria a reagir, ou simplesmente faleceria.

> Na época, evitamos contar abertamente a notícia, pois ter o líder da empresa hospitalizado e respirando por aparelhos pode gerar uma certa fragilidade em todos que rodeiam e colaboram com o empreendimento.

Foi aí que recebi o auxílio de um anjo. A empatia e o carinho de uma mulher, a enfermeira Alexandra Portela dos Santos, que todos os dias me chamava pelo nome e pedia que eu acordasse. Por um milagre, sem qualquer explicação, quando ela me chamou, eu abri meus olhos, despertando novamente para a vida.

---

[1] PASSARINHO, N. Exclusivo: 80% dos intubados por covid-19 morreram no Brasil em 2020. **BBC News Brasil**, 19 mar. 2021. Disponível em: https://www.bbc.com/portuguese/brasil-56407803. Acesso em: 10 dez. 2021.

FOI AÍ QUE RECEBI O AUXÍLIO DE UM ANJO. A EMPATIA E O CARINHO DE UMA MULHER, A ENFERMEIRA ALEXANDRA PORTELA DOS SANTOS, QUE TODOS OS DIAS ME CHAMAVA PELO NOME E PEDIA QUE EU ACORDASSE.

APRESENTAÇÃO

Desperto, voltei a me recuperar. Mas, como as sequelas de quem fica tanto tempo inconsciente e respirando por ventilação mecânica são muito agressivas, fui transferido para o hospital Albert Einstein, em São Paulo, onde fui muito bem atendido, para dar continuidade ao meu tratamento. Eu precisava voltar a respirar sozinho, caminhar sozinho, cuidar de mim sozinho. Por isso, permaneci vinte e três dias em reabilitação e fiz muita fisioterapia. Perdi as forças nas pernas e nos braços – até hoje tenho certa dificuldade nas mãos – e fiz de tudo para voltar a recuperar minha vida e minha saúde. Foram dias muito dolorosos, mas essenciais.

> O último recurso disponível era desligar o aparelho que me permitia respirar para induzir meu corpo a reagir sozinho, e essa alternativa seria o lance final: ou eu despertaria e começaria a reagir, ou simplesmente faleceria.

Em novembro, pude finalmente voltar para casa e continuar o meu tratamento próximo à minha família. Quando cheguei, a alegria de ser recepcionado com carinho por todos, através de mensagens, ligações, presentes, relato das orações, foi incrível. Uma das primeiras perguntas que recebi depois de estabelecido em casa foi: "Agora que passou por essa experiência de quase perder a vida, vai trabalhar menos e curtir mais a vida, não é?". Curtir a vida, sim! Trabalhar menos? De jeito nenhum!

Eu amo trabalhar, amo estar com meus colaboradores, amo criar coisas novas, amo estudar, amo compartilhar.

Vou curtir a vida fazendo tudo o que amo e com a certeza de que tenho muito ainda a realizar, a aprender e também a ensinar. Para mim, o trabalho nunca foi um sacrifício, uma incumbência, mas uma parte importante de quem sou. Jamais deixarei de trabalhar! Um mês depois de voltar para casa, retomei minhas pesquisas para escrever este livro, que eu já tinha iniciado antes de adoecer.

Por isso, aproveito este espaço para agradecer a quem foi essencial na minha recuperação: primeiramente a Deus pelo milagre. Sim, milagre! Foi um milagre eu ter despertado na hora certa e no momento certo e eu sei que foi graças a Ele.

Gratidão aos médicos e equipes que cuidaram de mim, em especial ao dr. Magno Zanellato, que não mediu esforços para me trazer de volta à vida, e, é claro, à enfermeira Alexandra, por ter me chamado tantas vezes. Eu ouvi a sua voz!

Obrigado, Dalvana, minha esposa, pelo amor, cuidado e apoio. Você é parte fundamental da minha história, antes, durante e depois da covid-19. Obrigado também à minha filha, Manu, e à toda a minha família, pelas orações, carinho e tudo o que fizeram para me ver bem e vivo. Vocês nunca perderam a esperança e muito menos a fé.

Agradeço também ao meu amigo e grande empresário Janguiê Diniz, que, de maneira muito gentil, emprestou seu avião particular para a minha transferência do hospital do Paraná ao Albert Einstein, em São Paulo. A fragilidade da minha saúde naquele momento era muito grande e eu não poderia viajar de outra forma. Obrigado!

Preciso fazer um agradecimento à minha assessora Laís Rodrigues, por me auxiliar na produção deste livro. Ela me ajudou a relembrar as pesquisas e conversas que tivemos para escrever toda esta obra – tive como sequela também uma pequena perda de memória. Ela auxiliou em todo o texto que você lerá aqui.

E também a meus amigos, colaboradores, seguidores, enfim, a todos que de um modo ou de outro torceram e rezaram pela minha vida e saúde. Senti a boa energia e vibrações de cada um.

Lutei para sobreviver ao pior momento da minha vida e consegui. Agora, posso seguir lutando para compartilhar tudo o que eu tiver de melhor na minha mente para ajudar você a empreender.

EU AMO TRABALHAR, AMO ESTAR COM MEUS COLABORADORES, AMO CRIAR COISAS NOVAS, AMO ESTUDAR, AMO COMPARTILHAR. VOU CURTIR A VIDA FAZENDO TUDO O QUE AMO E COM A CERTEZA DE QUE TENHO MUITO AINDA A REALIZAR, A APRENDER E TAMBÉM A ENSINAR.

LUTEI PARA SOBREVIVER AO PIOR MOMENTO DA MINHA VIDA E CONSEGUI. AGORA, POSSO SEGUIR LUTANDO PARA COMPARTILHAR TUDO O QUE EU TIVER DE MELHOR NA MINHA MENTE PARA AJUDAR VOCÊ A EMPREENDER.

prefácio

Bem-vindo a uma poderosa aula de empreendedorismo de verdade!

Muitos empreendedores pensam que conhecem os caminhos para criar uma startup de sucesso e começam essa jornada cheios de esperanças. Entretanto, existem diversos obstáculos que podem aparecer pelo caminho e desestabilizar o empreendedor despreparado. Muitos ficam apavorados com a concorrência ou esmorecem diante de uma crise. Isso sem contar alguns erros que podem não ser percebidos a princípio, mas que são fatais a longo prazo, como ter um negócio no formato errado, apresentar-se a um mercado inadequado para o segmento, não ser interessante ao público que pretende atingir etc.

Oséias Gomes, consultor empresarial e fundador e CEO da Odonto Excellence, franquia de gestão em clínicas odontológicas com mais de 1.200 unidades em quatro países, é referência quando o assunto é escalar negócios. Em *Negócio escalável*, o autor, com sua história de vida inspiradora e experiência de mais de doze anos, nos apresenta o passo a passo para o empreendedor iniciar sua startup com muito mais preparo. Seu método, testado e comprovado por ele mesmo, ensina que é possível ter um empreendimento com grande poder de escala sem perder a conexão com o mercado e que problemas vão aparecer, mas, se você estiver preparado, eles podem ser contornados com mais tranquilidade, mantendo a competitividade e a escalabilidade do seu negócio.

Oséias tem uma história que merece ser contada. O empresário começou a trabalhar aos 7 anos carpindo na roça com os pais e os seis irmãos na cidade de Carambeí (PR). Na época, tinha como meta de vida sair da pequena cidade do campo e "ser alguém na vida". Por isso, aos 9 anos, começou a estudar em um colégio próximo à fazenda em que trabalhava. Menino tímido, com poucas condições financeiras, repetiu a 4ª série três vezes, mas, graças ao incentivo de uma professora, não desistiu da escola.

Aos 15 anos, Oséias decidiu ir embora para estudar em Telêmaco Borba (PR), onde foi morar de favor com uma tia. Mesmo tendo muito medo, encarou a nova vida e colocou como meta alcançar o sucesso pessoal e profissional. Desde então, trabalhou como empacotador em um supermercado, lavador de carros e office boy em um banco privado, onde, após três anos, tornou-se gerente de negócios. Por nunca ter aceitado a cadeira de balanço, Oséias sempre colocava uma meta a ser alcançada. Após alguns anos, deixou o banco e montou a própria empresa de consultoria. Na ocasião, conheceu a odontologia por meio de um amigo e, com a ajuda dele, montou sua primeira clínica, que, anos depois, tornou-se a maior franquia odontológica do país. Foi assim que Oséias concluiu que "é possível realizar sonhos por meio do empreendedorismo".

Após seu primeiro livro, *Gestão fácil*, em que Oséias compartilha conosco toda sua experiência com gestão de empresas, ter se tornado best-seller, este novo livro vem com o propósito de ensinar empreendedores a abrirem seus negócios sem medo do imprevisível e com a preocupação de não cair nas estatísticas de mortalidade de uma startup. Por meio de um método simples de ser colocado em prática, o autor faz uma comparação do empreendedor com um alpinista, mostrando que o processo de abertura de uma startup é como o início de uma escalada, que exige, antes de tudo, preparo mental, além de estratégia e das ferramentas adequadas. Ele diz que "de nada serve estruturar seu empreendimento se a mente empreendedora por trás de tudo não estiver organizada. E, quando digo organizada, refiro-me a estar sem vícios, atenta e aberta a novos comportamentos".

Com este livro, você vai aprender, ainda, a importância da paixão e de seguir o seu propósito para o sucesso do seu negócio, a identificar o timing correto, a adequar seu produto ao seu público, a ter desapego na hora certa e todos os segredos de quem fez e faz na prática! Esta é uma leitura imprescindível para quem quer ter sucesso na construção da sua startup.

Eu tenho ministrado mentorias com o Oséias e vejo o que ele é capaz de fazer quando orienta um empreendedor. Como o próprio autor diz, "a empresa do amanhã começa hoje". Por isso, comece agora e deixe ele ser o seu mentor.

Boa leitura!

Roberto Shinyashiki
Mentor, palestrante e escritor best-seller

PROBLEMAS VÃO APARECER, MAS, SE VOCÊ ESTIVER PREPARADO, ELES PODEM SER CONTORNADOS COM MAIS TRANQUILIDADE, MANTENDO A COMPETITIVIDADE E A ESCALABILIDADE DO SEU NEGÓCIO.

Bem-vindo(a) a uma superjornada!

Você acaba de iniciar uma jornada incrível pelo empreendedorismo, e, mesmo que já tenha enveredado por esse caminho, garanto a você que ainda não o enxergou pela ótica que vou apresentar aqui. Nestas páginas, vamos percorrer o lado de fora de uma empresa e ver como funciona a organização externa de um empreendimento!

No meu livro anterior, *Gestão fácil*, falei sobre tudo o que acontece internamente em uma empresa. Foi um grande best-seller, do qual me orgulho, e ajudou muitos leitores – os depoimentos que recebo até hoje comprovam isso. Já neste volume, vou falar sobre o lado de fora, a estrutura, que é tão importante quanto, mas um assunto um tanto inusitado quando pensamos em empreendedorismo. De nada serve estruturar seu empreendimento se a mente empreendedora por trás de tudo não estiver organizada. E, quando digo organizada, refiro-me a estar sem vícios, atenta e aberta a novos comportamentos.

Aqui, vou tratar do empreendimento desde o nascimento dele, lá na mente do empreendedor, como uma ideia que depois se transforma em sonho, até, enfim, colocá-lo em prática. Vou, capítulo a capítulo, contar como colocar no papel o seu sonho empreendedor, indicando os passos para tornar a sua empresa adaptável para sobreviver e crescer diante de qualquer cenário que a vida apresentar.

Lembre-se, eu fiquei ausente do meu negócio por dois meses por complicações da covid-19. O cenário já era crítico, e tudo poderia ter ido pelos ares. No entanto, seguimos fortes, crescendo e com relevância no mercado. Isso não aconteceu por acaso, e vou ensinar como é possível para você também criar um negócio com essa estrutura.

Vou contar sobre o formato ideal que seu empreendimento precisa adotar, mostrando os mais promissores e ajudando a não cometer os mesmos erros de muitos colegas empreendedores. Também quero mostrar a você o mercado como verdadeiramente é. Basta de colocar a culpa nele por possíveis desafios e até mesmo derrotas no empreendedorismo. Você não deve entregar o leme em mãos que não as suas, mas aprender a interpretar o vento para saber como seu barco vai navegar.

Além disso, vou tratar de um assunto de que gosto muito: o acesso. O acesso vem a ser um mecanismo necessário para aproximar o público do empreendimento que, com tanto esforço, você criou. Adianta existir um lugar lindo, com um serviço ótimo, e ninguém para desfrutar disso? Não! Então dê acesso para o consumidor chegar até você.

E não posso deixar de falar sobre longevidade no empreendedorismo. Muitas empresas fecham suas portas já nos primeiros anos de vida, ou ainda criam suas startups já com a ideia fixa de vendê-las em pouco tempo porque não foram capazes de criar trincheiras para defendê-la. Há um modo de ter uma empresa longeva e de sucesso se tomar cuidado com alguns fatores importantes; eu fiz isso e deu certo.

Você vai notar – se ainda não teve esse insight – que o empreendedorismo é como escalar uma montanha. Para chegar ao topo, é preciso desenvolver "condicionamento físico", aprender a acessar e usar os equipamentos corretos e, acima de tudo, preparar a mente para a jornada. Vai valer a pena, garanto. Ao fim, você descobrirá que atitudes simples, mas muito geniais, vão garantir o resultado que almeja dentro e fora do seu empreendimento. Porém, é preciso conhecer e exercer essas atitudes da maneira certa para funcionar. Vamos aprender a fazer isso?

1

Você está disposto a chegar ao topo?

Eu sou um apaixonado por gestão e negócios. Fiz dessa vocação minha vida e missão, atuando não apenas como empreendedor mas também como consultor e professor. Uma das minhas atividades favoritas é observar por que alguns empreendedores alcançam o êxito em seus negócios, atingem bons níveis de escalabilidade e conseguem multiplicar seus resultados, enquanto muitos outros, apesar de geniais e disruptivos, não.

Ao longo das minhas experiências e desses mais de trinta anos gerindo e acompanhando empresas, aprendi a agrupar os empreendedores em dois perfis de comportamento pessoal que desenham sua história e seu futuro: o sujeito campal e o sujeito alpinista.

O **sujeito campal** é o tipo de pessoa que não é totalmente pessimista, mas que gosta de viver em plena segurança e, com isso, acaba por ser bastante temeroso para tomar decisões ou dar um passo à frente, limitando-se sempre à própria zona de conforto.

A busca excessiva por segurança pode ser representada pela imagem de pessoas que gostam de estar com os pés em terra firme e com poucos obstáculos, característica já discutida há muitos anos e encarada como uma questão própria da natureza humana. Quem garante isso é o psicólogo estadunidense Abraham Maslow, que, em 1943, na conhecida Pirâmide de Maslow,[2] listou a ordem de importância das necessidades humanas, considerando como a primeira, a base da pirâmide, as necessidades fisiológicas, seguida por segurança, viver em grupo e, por fim, autoestima. Portanto, podemos dizer que o desejo de se sentir seguro e bem onde se está, com o que se faz e aonde se quer chegar é o comportamento esperado do ser humano.

E vemos essa necessidade explorada ao máximo em nossa cultura, representada pelo objetivo de muitos profissionais que tentam projetar o futuro sem muitos riscos desde cedo: desejam um emprego registrado, um bom salário, uma casa confortável, um carro modesto na garagem etc. – objetivos comuns àqueles que se enquadram no perfil campal.

Esse perfil também é muito defendido pelos nossos pais. Quem nunca ouviu um pai ou uma mãe dizendo "Estude, meu filho, para ser alguém na vida!"? Esses pais estão certos, claro, pois o conhecimento compõe a base do sucesso na vida de qualquer pessoa. Contudo, quando os cito aqui, me refiro aos pais que querem cuidar tanto de seus filhos e protegê-los de todo o sofrimento que acabam incentivando a criação de suas próprias zonas de conforto, projetando nos filhos determinadas profissões para seguir ou a profissão deles mesmos, podendo cometer erros dolorosos.

---

2 PEREIRA, P. A. P. **Necessidades humanas**: subsídios à crítica dos mínimos sociais. 6. ed. São Paulo: Cortez, 2017. p. 31.

O SUJEITO CAMPAL É O TIPO DE PESSOA QUE NÃO É TOTALMENTE PESSIMISTA, MAS QUE GOSTA DE VIVER EM PLENA SEGURANÇA E, COM ISSO, ACABA POR SER BASTANTE TEMEROSO PARA TOMAR DECISÕES OU DAR UM PASSO À FRENTE, LIMITANDO-SE SEMPRE À PRÓPRIA ZONA DE CONFORTO.

Confesso a você, amigo leitor, que eu fui esse pai campal. Quando a minha filha tinha 10 anos, lembro como se fosse hoje, cheguei em casa depois de uma viagem de trabalho e ela me mostrou um bilhete de sua professora direcionado a mim que me pedia que conversasse com a pequena sobre sua falta de atenção nas aulas. Querendo cumprir com minha obrigação paterna, sentei-me à mesa com a minha filha e expliquei a diferença entre ser minha herdeira e minha sucessora. Disse, com profunda seriedade, que herdeira ela já seria naturalmente. Mas, para ser minha sucessora, ela precisava se preparar mais, porque era necessário que os negócios continuassem na família, afinal de contas, lutei muito pelo êxito desses empreendimentos, e ela precisava ter noção do tamanho da responsabilidade que teria em mãos. Reparei que, naquele momento, os olhos da minha filhinha se encheram de lágrimas e eu entendi que a tristeza se dava pelo bilhete da professora, por ter sido repreendida na escola.

Essa cena ficou na minha memória. Alguns anos depois, quando ela já estava com 16 anos, perguntei se ela se lembrava do episódio e se aquelas lágrimas eram realmente pelo bilhete da professora. Foi aí minha surpresa! Ela me disse que, na verdade, chorou pelo peso que eu colocava nos seus ombros naquele momento e por ter percebido ali que o seu sonho de fazer outras coisas não poderia se realizar. Me arrependo muito disso, principalmente por não ter respeitado a fragilidade de uma criança ainda com seus sonhos de infância, projetando uma maturidade que ainda não precisava ter.

E por que eu digo que fui um pai campal? Além da projeção exacerbada na minha filha quanto às suas decisões para o futuro, no fundo, eu buscava seguranças impossíveis:

VOCÊ ESTÁ DISPOSTO A CHEGAR AO TOPO?

- a segurança de que meus negócios seriam continuados por ela;
- a segurança de que ela estaria pronta para ter grandes responsabilidades;
- a segurança de que ela desenvolveria tudo o que fosse necessário para não ter de enfrentar as mesmas dificuldades que eu quando comecei a empreender.

Entendo a preocupação dos pais com seus filhos, mas é muito importante observarmos que o excesso de zelo, proveniente do perfil campal, pode atrapalhar o curso natural da vida dos filhos. Felizmente, tive a oportunidade de consertar meu erro, e, agora, alguns anos depois, minha filha mora em Kent, na Inglaterra, onde dedica-se às artes cênicas e à música no Rochester Independent College com o meu apoio, pois, afinal de contas, compreendi a necessidade de permitir que ela atue na vida em áreas que nada têm a ver comigo ou com os negócios que vai herdar para que desenvolva seus talentos.

Você pode me perguntar agora: "E o seu sucessor?". Bom, certamente haverá outros talentos disponíveis e preparados no momento oportuno, até mesmo porque, como já defendi em meu livro *Gestão fácil*, "o seio familiar é um universo muito pequeno para encontrar um grande talento apropriado".

Em contrapartida ao perfil mais tímido do campal, existem os **sujeitos alpinistas**. Como o próprio nome já diz, esse é o perfil de quem deseja chegar ao topo da montanha, que deseja crescer mesmo consciente dos riscos e obstáculos, desafiando-se ao sucesso. Nesse perfil, encontramos alguns que desistem no meio da escalada por não estarem suficientemente preparados e, em alguns casos, chegam à "morte" por não medirem ou respeitarem os obstáculos que encontram ao longo da escalada. A analogia para o empreendedorismo significa dizer que são aqueles mais propícios a fechar suas portas em poucos anos. Contudo, sem dúvida, muitos alcançam o cume que tanto almejavam.

Gosto muito dessa analogia do empreendedor como um alpinista pois entendo o processo de construção e organização do empreendimento até sua estabilidade como a jornada que um alpinista precisa percorrer. Vejo o perfil de um alpinista como alguém que tem motivação e o desejo ardente de chegar no mais alto – na conquista de seu próprio sucesso, do seu sonho, mesmo com as dificuldades que encontrará na jornada.

Ao contrário do perfil campal, que busca segurança, indo totalmente ao encontro da teoria de Maslow, o alpinista se sente bem com o desconforto pois sabe que ao se arriscar pode ter resultados maiores que o esperado e que, mesmo diante das dificuldades, pode valer a pena.

Tomo como exemplo o que ensina o alpinista Carlos Santalena, que por muitos anos foi o brasileiro mais jovem a alcançar o cume do Everest, aos 24 anos. Segundo Santalena,[3] quem deseja escalar o Everest precisa estar preparado e, para isso, é necessário adquirir três tipos de competências: física, psicológica e técnica.

---

[3] TEISEN, T. Entenda como é a preparação para escalar o Everest. **The North Face Blog**, 8 abr. 2021. Disponível em: https://blog.thenorthface.com.br/esportes/entenda-como-e-a-preparacao-para-escalar-o-everest/. Acesso em: 11 dez. 2021.

GOSTO MUITO DESSA ANALOGIA DO EMPREENDEDOR COMO UM ALPINISTA POIS ENTENDO O PROCESSO DE CONSTRUÇÃO E ORGANIZAÇÃO DO EMPREENDIMENTO ATÉ SUA ESTABILIDADE COMO A JORNADA QUE UM ALPINISTA PRECISA PERCORRER.

Nesse sentido, a preparação física para escalar a montanha até dispensa maiores explicações, porque é lógico que é necessária para esse desafio. Enfrentar o frio, as horas de caminhada e carregar equipamentos pesados dependerá de um bom condicionamento físico. E no caso do empreendedorismo? Cuidar da saúde física é de extrema importância, afinal de contas, ter longevidade nos negócios depende da boa saúde do seu gestor. Portanto, cuidar-se, assim como para os alpinistas, faz a diferença.

Já a preparação psicológica dos alpinistas é a mesma de um empreendedor. Criar uma resistência mental para enfrentar crises, não desanimar e muito menos desestimular sua equipe é importante para ambos. Por isso, a preparação pessoal, buscar bons mentores e boas influências é importante.

E, por fim, a preparação técnica. Muitos alpinistas desistem no meio do caminho por não estarem bem preparados quanto às técnicas de montanhismo e escalada no gelo, ou por não saberem utilizar corretamente os equipamentos que carregam. Em casos extremos, perdem a vida. No mundo dos negócios, o empreendedor não é diferente. Nos meus mais de trinta anos estudando e trabalhando com gestão, vi muitos empreendedores errando em seus negócios por pura falta de preparo, de conhecimento sobre o formato adequado para suas atividades, sobre como inovar e se manter desejado pelos clientes ou ainda por não conseguirem estar conectados ao mercado. Com isso, fracassavam nas suas escaladas e entravam nas estatísticas de mortalidade empresarial.

VOCÊ ESTÁ DISPOSTO A CHEGAR AO TOPO?

Aproveitando a analogia do alpinista, ainda segundo Carlos Santalena,[4] para chegar ao topo da montanha, todo alpinista precisa passar pelo teste de altitude, ou teste de escalada, uma espécie de experiência real do que o alpinista enfrentará ao tentar escalar o Everest. Em grupos, os alpinistas vão ao Equador e também à Argentina escalar outras montanhas, como o Aconcágua, para viver a experiência de montanhismo e escalada no gelo, caminhar em altas altitudes, além de conviver em grupo com pouca comida e pouco conforto e, assim, prepararem-se para o Everest, a montanha mais alta do mundo. Isso me fez recordar alguns empreendedores.

Se o empreendedor for do tipo campal, ele nem sequer considera as possibilidades de crescimento da sua empresa por medo dos riscos. Já os empreendedores alpinistas não só desejam chegar ao topo como também tentam a cada dia escalar mais alto.

É claro que nem todo mundo está preparado para isso, pois não fizeram suas experimentações, mal "subiram o seu Aconcágua", e acabam desistindo no meio do processo ou fracassando. É preciso fazer o seu teste de altitude – saber se está no mercado e no formato correto – para então escalar sem medo. Mas, do meu ponto de vista, é positivo se arriscar desde que se busquem as estruturas corretas para isso.

Todo alpinista que se preze analisa a previsão do tempo antes de começar a subir. Vejo que alguns empreendedores entretanto, lançam-se no mercado cedo ou tarde demais.

---

4 *Ibidem.*

Já pensou abrir uma fábrica de máscaras após a pandemia da covid-19? Teria o mesmo sucesso de quem abriu uma logo no início?

É para isso que eu quero chamar sua atenção, empreendedor e gestor. Qual é o seu perfil de comportamento diante do seu empreendimento? Se você já se considera um alpinista, está pronto para escalar e atingir o cume? Ter um produto ou serviço inovador é importante, mas só isso basta? Acompanhe-me nessa jornada de escalada rumo ao modelo de negócios certo para você!

CUIDAR DA SAÚDE FÍSICA É DE EXTREMA IMPORTÂNCIA, AFINAL DE CONTAS, TER LONGEVIDADE NOS NEGÓCIOS DEPENDE DA BOA SAÚDE DO SEU GESTOR. PORTANTO, CUIDAR-SE, ASSIM COMO PARA OS ALPINISTAS, FAZ A DIFERENÇA.

2

Antes de tudo, prepare a sua mente

No capítulo anterior, utilizei a analogia dos alpinistas com os empreendedores para definir melhor a jornada de cada um a partir do momento em que decidiu iniciar essa carreira. Além da preparação do empreendimento em si, do produto ou serviço que vai oferecer, é muito importante saber que você enfrentará algumas situações não tão positivas até alcançar o cume de sua montanha – ou seja, os bons resultados do negócio – e, por isso, é preciso estar preparado.

Muitos acreditam que para empreender basta ter um bom dinheiro para investir e manter o negócio em pé. Ter capital é importante, é claro! Mas não é a isso que me refiro. Noto que, quando nasce o desejo de empreender na mente de um indivíduo, imediatamente ele busca recursos para fazer sua ideia sair do papel. E assim, com muito esforço, abre-se a empresa, que até começa bem; entretanto, com o passar do tempo, perde a força e acaba fechando suas portas. Você com certeza conhece algum empreendimento que passou por isso. E por que isso acontece? Por falta de preparo!

O que você precisa entender, antes de "fazer acontecer", é que a preparação acontece em dois níveis: a preparação do negócio e a preparação de quem negocia. Como assim? Eu explico!

Além da preparação do empreendimento em si, do produto ou serviço que vai oferecer, é muito importante saber que você enfrentará algumas situações não tão positivas até alcançar o cume de sua montanha.

A preparação do negócio relaciona-se à parte mais teórica do empreendedorismo, que é muito importante e tem estado em evidência nos últimos tempos. Trata-se do formato do business, da inovação do que é oferecido, do marketing bem aplicado, das estratégias para atrair o público correto, do fechar de boas parcerias, da melhora nas vendas, da precificação etc. Tudo isso ainda será abordado aqui e você verá como se preparar nesse nível nos próximos capítulos.

Porém, primeiro, quero me dedicar a uma questão para a qual poucos dão atenção, e que noto cada vez mais recorrente: a preparação de quem negocia, ou seja, a preparação mental do empreendedor. Você até pode não perceber ainda, mas o empreendedor, a pessoa que está à frente de tudo, o condutor da carruagem, pode, sim, ser sabotado por si próprio sem querer.

Quem decide ser empreendedor precisa entender algumas fases que farão parte de sua jornada mental, e a preparação do seu mindset – do inglês, atitude mental – é primordial. De nada serve uma ideia arrebatadora no mercado, com uma linda estrutura montada aos clientes e aos colaboradores, se a mente de quem está por trás dessa genialidade o sabota ou o enfraquece.

E ASSIM, COM MUITO ESFORÇO, ABRE-SE A EMPRESA, QUE ATÉ COMEÇA BEM; ENTRETANTO, COM O PASSAR DO TEMPO, PERDE A FORÇA E ACABA FECHANDO SUAS PORTAS. VOCÊ COM CERTEZA CONHECE ALGUM EMPREENDIMENTO QUE PASSOU POR ISSO. E POR QUE ISSO ACONTECE? POR FALTA DE PREPARO!

Lembra-se da analogia do alpinista? De que serve bom preparo físico, bons equipamentos, conhecimento em montanhas, se a mente não está verdadeiramente preparada e fortalecida para a jornada? Certamente, uma pessoa despreparada nesse nível vai falhar ou se cansar, ou algo na mente a impedirá de subir ao topo – pois o empreendedorismo demanda bastante de sua mente através da tomada de decisões, de escolhas, da organização do empreendimento, da condução do seu time etc. Quem não estiver preparado emocionalmente para isso pode sucumbir.

> De nada serve uma ideia arrebatadora no mercado, com uma linda estrutura montada aos clientes e aos colaboradores, se a mente de quem está por trás dessa genialidade o sabota ou o enfraquece.

Imagine um empreendedor que não teve um bom preparo mental durante o auge da pandemia de coronavírus em 2020. É muito provável que ele tenha perdido o sono, sentido-se perdido e tomado atitudes não tão boas que podem ter prejudicado seu negócio. Ou, por exemplo, no caso de a concorrência se sobressair, um empreendedor não preparado emocionalmente pode não saber como agir e se sentir por baixo.

E que fases mentais são essas? São quatro fases que listo agora. Vamos lá!

A paixão

Geralmente o que ocorre em nossa primeira fase é o que chamo de primeiro amor – pelo sonho, pela ideia de um produto, serviço ou negócio. Aprendi ao longo de minha jornada e defendo com veemência que é necessário ter paixão pelo que se criou, porque o simples "interesse" não gera, no indivíduo, a energia necessária para um grande feito. Para exemplificar, gosto de fazer minhas as palavras do filósofo alemão Hegel: "Nada de grande se faz sem paixão".[5] Portanto, antes de mais nada, tenha a certeza de estar perdidamente apaixonado pelo seu sonho! Pois, acredite, você precisará dessa energia para um próximo passo.

Confesso que observo alguns cursos sobre empreendedorismo e negócios pregando que se incorpore e pratique a paixão, quase que cega, pelo que você criou como uma característica empreendedora. Eu acho esse tipo de abordagem um pouco estranha, pois acredito que essa característica não precisa ser aprendida, uma vez que se manifesta naturalmente em qualquer indivíduo emocionalmente envolvido pelo que está buscando.

A paixão pela criação é natural, não um exercício a ser praticado, pois nasce espontaneamente em você e é essencial como combustível para ir atrás da realização dessa ideia ou sonho. Quando estamos apaixonados, as barreiras se tornam transponíveis. Lembre-se de que você precisará enfrentar a insegurança do negócio, a desmotivação por parte de familiares e amigos, a falta de credibilidade no negócio ou em você, e tudo isso pode ser um forte obstáculo no início. Somente a paixão fará com que você continue e não desista logo no começo da jornada.

---

5 NADA de grande no mundo é feito sem paixão. **Pensador**, 2005-2021. Disponível em: https://www.pensador.com/frase/NzQyNDM1/. Acesso em: 11 dez. 2021.

A PAIXÃO PELA CRIAÇÃO É NATURAL, NÃO UM EXERCÍCIO A SER PRATICADO, POIS NASCE ESPONTANEAMENTE EM VOCÊ E É ESSENCIAL COMO COMBUSTÍVEL PARA IR ATRÁS DA REALIZAÇÃO DESSA IDEIA OU SONHO.

Digo isso por experiência própria. No começo da minha história com a franquia, por eu não ser da área de odontologia, quase ninguém acreditava que daria certo. Eu sou da área de administração, e minha ideia era fazer algo que até aquele momento era inovador no mercado da odontologia. Todos com quem eu conversava sobre a minha ideia de negócios, de certa maneira ou de outra, me desmotivavam. Os dentistas que eu recrutava para fazer parte do projeto também não me apoiavam, muito atrelados ao modelo tradicional da profissão. Mas a paixão pelo que eu queria fazer alimentou a minha vontade de continuar. E ainda bem que não desisti, não é mesmo?

Entretanto, atenção! Assim como nas paixões românticas, combustível em excesso afoga o motor, lenha demais na fogueira produz uma chama que pode ser incontrolável! Portanto, paixão cega pode ser, sim, um problema e não permitir que você avance para o próximo passo: a convicção. Estar apaixonado pela sua ideia não significa estar convicto do que quer; é preciso separar as coisas, como veremos a seguir.

A convicção

Neste segundo momento, o seu sonho ou ideia passará por uma nova roupagem que chamo de convicção. Esse termo, segundo o dicionário Michaelis,[6] significa: "certeza obtida

---

[6] CONVICÇÃO. *In:* DICIONÁRIO Michaelis. São Paulo: Melhoramentos, 2021. Disponível em: https://michaelis.uol.com.br/moderno-portugues/busca/portugues-brasileiro/conviccao. Acesso em: 11 dez. 2021.

por fatos ou razões que não deixam dúvida nem dão lugar a objeção; convencimento, crença". Ou seja, estar convicto do que criou é não ter dúvidas do que se quer.

Assim como nas paixões românticas, combustível em excesso afoga o motor, lenha demais na fogueira produz uma chama que pode ser incontrolável!

É bem verdade que, quando falamos de um alpinista apaixonado pela ideia, parece muito ser uma convicção, mas não se trata da mesma coisa. Para ilustrar, quero compartilhar uma analogia que fiz ao acompanhar o quadro "Comprar é bom, levar é melhor", do programa *Domingo Legal*, no SBT, com o apresentador Celso Portiolli. Durante o programa, esse quadro nos mostrava a alegria das pessoas no momento de realizar o sonho de comprar móveis e eletrodomésticos para suas casas, mas, para levá-los de fato, os participantes precisavam responder corretamente a diversas perguntas sob a penalidade de perder esses objetos desejados. Confesso que me diverti muito ao analisar o comportamento dos participantes que respondiam às perguntas feitas pelo Portiolli. Geralmente, ele dava quatro alternativas de resposta para a questão e apenas uma era a correta. Logo após a resposta do participante, o apresentador, com ares de seriedade, fixava: "Você fecha nessa?". Nesse momento, o tom de quem havia respondido mudava, pois quem estava contente por participar de um programa de televisão agora sentia o peso da responsabilidade da busca de um sonho. Errar traria consequências; por isso, a convicção da resposta era necessária.

Quando falamos de convicção, referimo-nos a uma opinião firme de algo, por isso faz-se necessário que a paixão seja deixada de lado para dar lugar à razão. É preciso ouvir, perceber e principalmente se desfazer do que se ama. Assim como não podemos dar ouvidos a quem nos desestimula, ignorar tudo também é ruim. Você está apaixonado pela sua ideia, mas está convicto dela?

> **Apaixonar-se pela ideia de abrir um negócio e não ouvir mais ninguém a respeito disso pode ser um tiro no pé.**

Tem certeza do que está fazendo ou está apenas se deixando levar? Ter convicção é ter certeza com argumentos para seguir adiante.

Apaixonar-se pela ideia de abrir um negócio e não ouvir mais ninguém a respeito disso pode ser um tiro no pé. Com certeza, você conhece alguém que estava louco pela sua criação, que saiu em busca de fazer o negócio acontecer, mas nem ele mesmo sabia o que fazer, não tinha certeza de qual caminho seguir e errou muito.

Na fase da convicção, é necessário entender que ser constante com o que você quer é diferente de teimosia. É preciso aprender a separar o que é apenas argumento desestimulante do que são conselhos extremamente valiosos. O diferencial de ser constante é alguém que persiste, mas busca o máximo de dados e informações para reforçar suas convicções. Apaixone-se pelas suas ideias, mas busque provas de que está no caminho certo para estar convicto delas.

NA FASE DA CONVICÇÃO, É NECESSÁRIO ENTENDER QUE SER CONSTANTE COM O QUE VOCÊ QUER É DIFERENTE DE TEIMOSIA. É PRECISO APRENDER A SEPARAR O QUE É APENAS ARGUMENTO DESESTIMULANTE DO QUE SÃO CONSELHOS EXTREMAMENTE VALIOSOS.

O desapego

Mesmo apaixonado e convicto, desapegue-se de tudo! Contraditório? Nem um pouco.

Não estou me referindo ao desapego no sentido de desistência, mas daquela certeza errônea de que apenas você, e somente você, sabe o que é bom ou correto para o seu negócio. Ninguém é o senhor da razão, por isso é tão importante buscar outras fontes para ter convicção daquilo que se faz, é desapegar-se do egocentrismo. A seguir, vou compartilhar uma história para ilustrar melhor o que estou dizendo.

Certa vez, o dono de uma famosa casa de carnes da minha cidade pediu insistentemente para conversar comigo porque tinha uma ideia genial para os negócios. Entusiasmado, recebi-o em meu escritório, curioso para saber sobre sua nova ideia. Ele chegou muito contente e com uma vontade enorme de fazer acontecer e dar certo. Disse que já tinha conversado com grandes escritórios de formatação empresarial, mas que também queria ouvir minha opinião.

A ideia em si não é relevante neste momento, apenas a atitude do empresário. Ele queria a minha opinião, mas falava mais do que ouvia. Notadamente, estava muito apaixonado por seu sonho e convicto do que faria para dar certo. Porém, estava também obcecado, o que fez com que pensasse que somente ele sabia o que deveria fazer para tudo funcionar. Dei minha opinião, disse que algumas coisas não faziam sentido para o mercado nem para o seu *core business* naquele momento e notei em sua expressão que ele não gostou do que ouviu. Contrariado, saiu da minha sala sem se despedir. Dias depois, um amigo em comum me contou que o empresário havia ficado decepcionado comigo.

Essa atitude não me ofendeu, muito menos me incomodou, afinal de contas não sou o dono da verdade e esse tampouco é o meu objetivo. Mas ele claramente estava apegado à sua ideia e ninguém o faria visualizar possíveis mudanças para fazer o negócio dar certo. O apego o faria falhar na jornada de empreender.

> **A paixão e a convicção precisam vir de mãos dadas com o desapego.**

Por isso, a paixão e a convicção precisam vir de mãos dadas com o desapego. Essas três palavras são a tríade de sustentação de um projeto. Você não é o único a entender do negócio, do mercado, de marketing, de preços etc. Leve em consideração ideias e opiniões dos que possuem propriedade no tema. Permita-se mudar, fazer e desfazer parte do negócio, adaptar, reformular, enfim, tudo o que for necessário para chegar ao topo. Lembre-se de que é a sua paixão que está em jogo! Não coloque tudo a perder por puro apego.

A grande ideia do empresário da famosa casa de carnes? Ele a colocou em prática e, algum tempo depois, o negócio faliu. Inclusive, faliu também a famosa casa de carnes, não apenas a ideia nova. O filósofo grego Epíteto já dizia: "É impossível para um homem aprender aquilo que ele acha que já sabe".[7]

---

[7] "É IMPOSSÍVEL para um homem aprender aquilo que ele acha que já sabe". **Citações e frases famosas**. Disponível em: https://www.pensador.com/frase/NDcx/. Acesso em: 11 dez. 2021.

O propósito

Uma vez que você está mais aberto a respeito do que deseja para o seu negócio, chegou o momento de dar um pouco mais de vida à sua paixão convicta. E aqui vai uma lição valiosíssima: empreender por empreender apenas, ou empreender visando apenas ganhar dinheiro, geralmente não é uma boa motivação. É evidente que ganhar dinheiro é o objetivo de empreender, mas não deve ser o propósito.

Empreender, sem dúvida, é um grande desafio, mas é preciso muito mais do que disposição para fazer um empreendimento dar certo. A sua criação precisa ter um propósito, uma motivação genuína e útil para você e, consequentemente, ao público que pretende atingir. Por que você teve essa ideia? Aonde o resultado dela levará você? E o seu cliente? No que ele será beneficiado?

Quando comecei a empreender, muitos anos atrás, também fui consultor de negócios. Meu início na odontologia se deu porque fui contratado para reformular a gestão e as vendas no consultório de um amigo – história que aprofundei em detalhes no meu primeiro livro, *Gestão fácil*, e que não vem ao caso repetir.

Na época, sempre que possível, eu ficava na recepção da clínica odontológica, ao lado da secretária, para avaliar o seu atendimento, e notava algo muito interessante: a alegria do paciente em poder tratar o seu sorriso. Como assim? A nossa sociedade vê como um status de sucesso e também como um padrão de beleza um sorriso bonito, branquinho e bem alinhado. Poder realizar um tratamento odontológico estético

É EVIDENTE QUE GANHAR DINHEIRO É O OBJETIVO DE EMPREENDER, MAS NÃO DEVE SER O PROPÓSITO.

é motivo de muita felicidade para as pessoas, mesmo sendo, hoje em dia, uma commodity – valor comum a todos.

Sentir-se bem consigo mesmo e sentir-se parte de um grupo tido como bem-sucedido é uma vontade que todos possuem, independentemente de gênero, idade e condição econômica e social. Na época, percebi que aquela clínica queria atender apenas as classes mais altas, porque acreditavam estar ali o maior contingente de clientes. Mas não é todo mundo que deseja fazer um tratamento odontológico? Por que dedicar seus esforços para apenas uma faixa social?

Com isso, encontrei o meu propósito de empreender na área, levando tratamento odontológico a todas as pessoas, sem pensar em classes sociais, mas em grau de instrução. Vi, em minhas franquias, pessoas da mais alta classe social, com um alto poder aquisitivo, contentes com um tratamento mais simples, mesmo podendo pagar por qualquer outro oferecido. Assim como vi pessoas com salários mais tímidos, pedindo o tratamento com maior teor tecnológico, porque já o conheciam e queriam fazer também. Dessa forma, coloquei como objetivo oferecer, com alta qualidade e facilidade, todos os tipos de tratamento.

Certa vez, um senhor fazendeiro, proprietário de milhares de alqueires de terra, podendo comprar o melhor em odontologia, dizia-se satisfeito com uma prótese dentária simples, mesmo sendo oferecido a ele todos os implantes mais sofisticados e apropriados. Em outra ocasião, no entanto, vi uma moça, caixa de um supermercado, felicíssima porque acabara de adquirir o mais caro lançamento em aparelho ortodôntico.

Assim, defini meu propósito: dar acesso à odontologia para todos, sem distinção. Em poucos anos, passei de uma clínica para mais de mil unidades franqueadas. Encontrei um propósito não apenas pessoal como também empresarial, que me conectou ao mercado. E isso foi para além da motivação financeira – que foi uma consequência.

O seu propósito servirá como uma mola propulsora para a sua motivação mental, necessária para preparar o mindset. Assim, mesmo as adversidades mais fortes que aparecerem ao longo da sua jornada não o desmotivarão de empreender.

Você pode encontrar o propósito do seu empreender através de uma causa, de uma necessidade ou de um novo hábito social. Por exemplo, a Tesla, que produz tecnologia para automóveis e outros meios de locomoção, tem como propósito uma causa, que é, segundo o seu fundador, "acelerar a transição mundial para o transporte sustentável".[8] Assim como a Nike, "trazer inspiração e inovação para cada atleta do mundo. Se você tem um corpo, você é um atleta".[9] Ou a Coca-Cola, "refrescar o mundo e inspirar momentos de otimismo e felicidade".[10]

Independentemente do propósito, busque a sua motivação e ela conectará você ao mercado e aos consumidores, preparando também sua mente para subir rumo ao topo da sua própria montanha. Organizando sua atividade mental e

---

8 ACERCA da Tesla. **Tesla**, 2021. Disponível em: https://www.tesla.com/pt_PT/ABOUT. Acesso em: 11 dez. 2021.

9 SE você tem um corpo, você é um atleta. **NikeMedia Brasil**, 2010-2011. Disponível em: http://www.nikemedia.com.br/2009/11/20/se-voce-tem-um-corpo-voce-e-um-atleta/. Acesso em: 11 dez. 2021.

10 MISSÃO, visão e valores. **Coca-Cola Portugal**, 8 jun. 2020. Disponível em: https://www.cocacolaportugal.pt/conhece-nos/informacao-corporativa/visao-missao-valores-coca-cola. Acesso em: 11 dez. 2021.

sua postura como empreendedor por meio dessas quatro etapas, ficará mais fácil colocar seus planos no papel e traçar um projeto para realizar o que tanto sonhou. Nenhum modelo de negócios será bom o suficiente se você não passar por estas fases: se apaixonar, confirmar suas ideias, se despir delas, escrever e reescrever, tendo como norte um propósito para orientá-lo. Tudo o que você já leu e estudou sobre empreendedorismo, gestão, carreira e negócios cai por terra se a sua mentalidade for enrijecida, se você não se permitir, não desapegar.

Com a mente preparada, vamos buscar os equipamentos, ou seja, o conhecimento de como organizar todas essas ideias em um negócio de verdade.

EMPREENDER, SEM DÚVIDA, É UM GRANDE DESAFIO, MAS É PRECISO MUITO MAIS DO QUE DISPOSIÇÃO PARA FAZER UM EMPREENDIMENTO DAR CERTO. A SUA CRIAÇÃO PRECISA TER UM PROPÓSITO, UMA MOTIVAÇÃO GENUÍNA E ÚTIL PARA VOCÊ E, CONSEQUENTEMENTE, AO PÚBLICO QUE PRETENDE ATINGIR.

ORGANIZANDO SUA ATIVIDADE MENTAL E SUA POSTURA COMO EMPREENDEDOR POR MEIO DESSAS QUATRO ETAPAS, FICARÁ MAIS FÁCIL COLOCAR SEUS PLANOS NO PAPEL E TRAÇAR UM PROJETO PARA REALIZAR O QUE TANTO SONHOU.

3

A empresa do amanhã começa hoje

Todo empreendedor alpinista precisa estar com a mente preparada para a jornada que vai percorrer, como vimos no capítulo anterior. Uma vez que seu comportamento mental já está mais aprimorado para o que virá, vamos tratar sobre a preparação do negócio.

Neste momento, nasceu e cresce em você algo muito importante: o desejo de empreender. E, para empreender, é preciso investir dinheiro, tempo e energia, certo? Sendo assim, você tem dois caminhos a seguir a partir de agora. O primeiro, investir em um modelo de negócio considerado tradicional ou, o segundo, um modelo um pouco mais flexível, as startups.

Sobre esses dois modelos de negócios, é preciso considerar as especificidades de cada um deles. Quem decide investir no modelo tradicional precisa saber de antemão que trata-se de um mercado já estabelecido, consolidado, em um cenário muito competitivo. Aliás, chamo de "modelo de negócios tradicional" porque é um modelo convencional de fazer negócios, já conhecido por todos. Além disso, pode exigir um investimento de capital inicial de maior relevância e, geralmente, uma atuação mercadológica um pouco mais tímida e investimentos constantes – tudo isso acontece pelo elevado número de concorrência, que pode ser também mais poderosa. O que isso quer dizer? Uma guerra eterna.

> **Quem decide investir no modelo tradicional precisa saber de antemão que trata-se de um mercado já estabelecido, consolidado, em um cenário muito competitivo.**

Se o mercado já está consolidado, isso quer dizer que o seu investimento sofrerá menos riscos, terá soluções já conhecidas, oferecerá produtos ou serviços para um público-alvo já existente, produzindo para uma demanda que já é atendida – o que chamo de commodities, isto é, um mercado que oferece algo de valor comum, habitual, não mais um diferencial. A terminologia de commodities no mundo dos negócios é utilizada referindo-se a um produto ou serviço que já faz parte do dia a dia do usuário, tanto que ele já nem percebe mais. Por exemplo, o comando de voz dos celulares atuais foi algo extremamente inovador, pois você não conhecia e trazia muita facilidade. Hoje em dia, muito tempo após o surgimento dessa inovação, você já não a nota mais. É o valor comum, a commodity no mundo dos negócios, e a principal atividade do modelo tradicional: investir em negócios de commodities.

Nesse modelo, você substitui a inovação pelo convencional. Não que não possa inovar, mas dificilmente será disruptivo e impactante, com uma conquista rápida de mercado, em um timing invejável e escalável. Um exemplo para ilustrar isso é o agronegócio convencional. O cultivo e a criação de animais em si é uma commodity por se tratar de uma atividade estabelecida e que todos conhecem. Ela até pode sofrer algumas transformações inovadoras, como se vê, por exemplo, em investimento tecnológico para aumentar a produtividade, mas são muito tímidas. Outro caso é o comércio varejista comum, em que se estoca uma quantidade de produtos e os oferta ao público. Essa atividade é um modelo tradicional, sendo, portanto, uma commodity.

Além disso, no modelo tradicional, toda operação é mais bem organizada, independentemente do negócio, com tudo planejado, ações programadas, colaboradores com funções bem definidas e operações orquestradas – trata-se de uma organização departamental e mais verticalizada. E, se um problema aparecer ou uma possível crise surgir, são necessários um novo planejamento e novas projeções de ações para resolvê-lo, observando a concorrência para remar na mesma maré do seu segmento.

Portanto, para quem gosta de organizações empresariais mais cômodas e um pouco mais previsíveis, sem dúvidas, o modelo tradicional é o investimento ideal.

Entretanto, há um perfil de investidores e de empreendedores que gosta e se permite arriscar e se aventurar um pouco mais. Para esses, há um outro modelo: a startup. Se, por um lado, temos um modelo mais organizado e fechado, por outro, as startups contam com estruturas mais flexíveis e são mais propensas e adaptáveis a mudanças repentinas – consequentemente, também um pouco mais arriscadas.

SE UM PROBLEMA APARECER OU UMA POSSÍVEL CRISE SURGIR, SÃO NECESSÁRIOS UM NOVO PLANEJAMENTO E NOVAS PROJEÇÕES DE AÇÕES PARA RESOLVÊ-LO, OBSERVANDO A CONCORRÊNCIA PARA REMAR NA MESMA MARÉ DO SEU SEGMENTO.

De alguns anos para cá, ouvimos falar bastante nas empresas do tipo startup e também nas muitas definições sobre tal modelo de negócios. Quando surgiram, em meados da década de 1990, nos Estados Unidos, mais precisamente no Vale do Silício, as startups eram chamadas de empresas de garagem, pequenas, com poucos recursos; depois, esse nome passou a definir uma empresa com uma ideia inovadora e que gera bons lucros; com o tempo, também ficaram conhecidas como empresas com necessidade de captação de recursos. Atualmente, a startup é um empreendimento conhecido como uma empresa de perfil jovem e inovador com um modelo de negócios escalável.

De todo modo, o que fica claro para mim, dentro da minha experiência, é que startup nada mais é do que um modelo de empresa que veio para renovar o mercado e a maneira de se trabalhar com uma visão e organização horizontalizadas, em que a genialidade assume o protagonismo. É um empreendimento que possui grande potencial de crescimento por apostar em oportunidades inovadoras, e, por isso, muitos associam as startups a empreendimentos tecnológicos ou de desenvolvimento digital. Talvez esse conceito tenha relação com sua origem no Vale do Silício, berço do desenvolvimento tecnológico mundial, e com as primeiras startups que, de fato, tinham esse intuito. Mas, atualmente, as startups também podem ser empresas que oferecem soluções a outras empresas, ou seja, apresentam produtos ou serviços que disponibilizam facilidades e genialidades ao mercado ou ao modelo tradicional de negócios.

É o caso, por exemplo, da multinacional Pepsico, tradicional empresa de fabricação de bebidas e alimentos, que cria e investe em startups para inovar seus próprios produtos.[11]

> **Atualmente, as startups também podem ser empresas que oferecem soluções a outras empresas.**

Além disso, ao meu ver, a maioria das startups surge com o intuito de auxiliar a inovação de empresas tidas como tradicionais, sendo uma espécie de coadjuvante no *core business*, sem roubar o protagonismo da empresa a que serve. Como falei do agronegócio anteriormente, muitas startups com melhorias nessa área vêm surgindo nos últimos anos e hoje possuem até uma nomenclatura própria: as *agrotechs*.

O crescimento desse tipo de negócio foi tanto que, segundo uma pesquisa realizada pela Dell Technologies,[12] 78% das empresas tradicionais enxergam as startups como uma ameaça às suas respectivas organizações e temem que seus negócios se tornem obsoletos diante de tantas inovações e rápidas mudanças – algo com o qual eu, particularmente, não concordo, pois vejo as startups como um empreendimento auxiliador de todos os demais segmentos, gerando facilidade, aumento de riqueza e inclusão social.

Nesse contexto, o empreendedorismo de startups é promissor e bastante convidativo, pois, para quem olha de fora,

---

[11] FOOD TECH: Pepsico seleciona 10 startups para aceleração. **StartAgro**, 12 dez. 2018. Disponível em: http://www.startagro.agr.br/food-tech-pepsico-seleciona-10-startups-para-aceleracao/. Acesso em: 11 dez. 2021.

[12] 78% DAS EMPRESAS se sentem ameaçadas por startups digitais. **ComputerWorld**, 6 out. 2016. Disponível em: https://computerworld.com.br/negocios/78-das-empresas-se-sentem-ameacadas-por-startups-digitais/. Acesso em: 11 dez. 2021.

STARTUP NADA MAIS É DO QUE UM MODELO DE EMPRESA QUE VEIO PARA RENOVAR O MERCADO E A MANEIRA DE SE TRABALHAR COM UMA VISÃO E ORGANIZAÇÃO HORIZONTALIZADAS, EM QUE A GENIALIDADE ASSUME O PROTAGONISMO.

parece ser uma maneira simples de ganhar dinheiro apostando na própria paixão. Mas é evidente que não é bem assim!

O que eu noto, a imprensa relata e certamente você também deve ter percebido é que muitas startups fecham as portas rapidamente. Segundo o Instituto Brasileiro de Geografia e Estatística (IBGE),[13] apenas 55% das empresas permanecem em pleno funcionamento após três anos de vida. Isso sem contar as pessoas que abrem empresas já com a ideia de lucrar, escalar e logo vendê-las a um grande investidor-predador – sobre isso, vou falar um pouco melhor mais à frente.

O ciclo da startup brasileira é este: um indivíduo ou um grupo de pessoas tem uma ideia, abre um negócio, investe nele, mantém-se por um curto período de tempo e fecha. Por quê? Você pode até pensar que é pela falta de poder aquisitivo, mas nem sempre dinheiro é a solução para tudo. Muitos são os motivos para fracassar, por isso, cito alguns a seguir que, ao meu ver, seriam os mais comuns entre as startups.

Motivação errada

A maioria das startups que tem algo para vender, seja uma ideia, um produto ou serviço, almeja atingir algum nível de sucesso e conexão com o mercado em massa – ou seja, popularizar-se, falar mais sobre o empreendimento

---

[13] RIBAS, R. Empreendedorismo: Quase 60% das empresas fecham as portas em cinco anos. **O Globo**, 28 out. 2019. Disponível em: https://oglobo.globo.com/economia/emprego/empreendedorismo-quase-60-das-empresas-fecham-as-portas-em-cinco-anos-24045448. Acesso em: 11 dez. 2021.

publicamente do que de fato colocá-lo em prática, buscando uma maneira de torná-lo realidade.

O que tenho visto é que, quando se pergunta às startups qual é o objetivo delas, muitas respondem: "Quero ser um negócio de 1 bilhão de dólares, um 'unicórnio'!". Entretanto, não é tão simples assim fazer com que isso aconteça. Até mesmo em um país como os Estados Unidos, onde nasceu a cultura das startups, dos 27 milhões de negócios registrados, menos de 2 mil atingiram a marca de 1 bilhão de dólares em receita anual.[14] Em outras palavras, o sucesso no mercado de massa é realmente difícil de alcançar.

> Vejo as startups como um empreendimento auxiliador de todos os demais segmentos, gerando facilidade, aumento de riqueza e inclusão social.

Produto ou serviço não atende ao mercado

Sem dúvida, o principal motivador do fracasso de uma startup é a falta de viabilidade do projeto. Segundo uma pesquisa feita pela CB Insights, em 2019, com 101 startups, 42% dos negócios chegam ao fim por investir em uma ideia que não corresponde às necessidades reais do mercado.[15] Alguns empreendedores se apaixonam de tal maneira pela própria

---

[14] SINEK, S. **Comece pelo porquê**: como grandes líderes inspiram pessoas e equipes a agir. Rio de Janeiro: Sextante, 2018. p. 101.

[15] MORAES, C. Maioria das startups morre porque ignora os problemas reais do consumidor. **Folha de S.Paulo**, 14 dez. 2019. Disponível em: https://www1.folha.uol.com.br/mpme/2019/12/maioria-das-startups-morre-porque-ignora-os-problemas-reais-do-consumidor.shtml#:~:text=A%20principal%20causa%20do%20fim,os%20problemas%20com%20a%20equipe. Acesso em: 11 dez. 2021.

SEGUNDO UMA PESQUISA REALIZADA PELA DELL TECHNOLOGIES, 78% DAS EMPRESAS TRADICIONAIS ENXERGAM AS STARTUPS COMO UMA AMEAÇA ÀS SUAS RESPECTIVAS ORGANIZAÇÕES E TEMEM QUE SEUS NEGÓCIOS SE TORNEM OBSOLETOS DIANTE DE TANTAS INOVAÇÕES E RÁPIDAS MUDANÇAS.

ideia que deixam de validar suas criações no mercado e partem logo para o desenvolvimento do produto ou do serviço. Ou, se fazem qualquer tipo de validação com o consumidor direto, é de maneira tímida, superficial e tendenciosa, utilizando apenas um questionário na internet, trazendo pouca relevância ao feedback.

Sem validação, sem pesquisa, sem planejamento, não ganham força de tração no mercado e, por isso, acabam morrendo antes mesmo de conquistar resultados. Lembre-se de que inovar por inovar não basta. É preciso fazer sentido ao mercado.

Timing equivocado

Lançar a sua criação no tempo errado é mais uma maneira de fracassar em sua empresa. Colocar seu produto ou serviço cedo demais, por exemplo, sem os devidos testes, sem as funcionalidades adequadas e sem pesquisa e planejamento apropriados, pode fazer com que seja insuficiente e nada atrativo para o consumidor. O lançamento é a primeira impressão: se não for bom, pode ser difícil de reverter.

Por outro lado, um lançamento tardio pode fazer com que você perca a janela de oportunidade. Já pensou lançar, um ano depois da pandemia da covid-19, e em que todos já estão acostumados ao lockdown, um novo aplicativo para delivery? Faria sucesso? Por isso, estudar e identificar o tempo certo para lançar-se no mercado é um fator determinante para o sucesso de um empreendimento.

Erro de precificação

Acertar no preço é uma das maiores questões que as start-ups enfrentam. Cobrar caro ou barato demais ou não encontrar um valor que as pessoas julguem justo pagar é um dos motivos para fracassar já nos primeiros meses de existência de um empreendimento e não gerar lucro suficiente para continuar.

Lembre-se de que inovar por inovar não basta. É preciso fazer sentido ao mercado.

Para estabelecer o preço de um produto ou serviço, é preciso considerar questões que envolvem o seu custo, como o valor pago pelas matérias-primas, a mão de obra necessária para a produção, a logística de entrega e uma série de outras variáveis; além de adicionar a tudo isso uma margem de lucratividade necessária. E, para o mercado, o que importa é o valor final do seu produto ou serviço, ou seja, se vale a pena pagar por ele, independentemente do seu custo.

Temos, portanto, dois conceitos relevantes que devem ser diferenciados: preço e valor. Preço é aquilo que representa, em número, o que vale o produto ou o serviço. Já o valor é a apreciação que as pessoas fazem diante desse produto ou serviço, ou seja, uma espécie de julgamento do público sobre aquilo que você oferece por aquele preço.

Quem estabelece o preço é o empreendimento e quem gera valor é o mercado. O valor relaciona-se à percepção do seu produto ou serviço e isso vai além de preço. Se o seu produto custou 9 reais, mas você o vende por 10 e o mercado

PARA O MERCADO, O QUE IMPORTA É O VALOR FINAL DO SEU PRODUTO OU SERVIÇO, OU SEJA, SE VALE A PENA PAGAR POR ELE, INDEPENDENTEMENTE DO SEU CUSTO.

não percebe o valor de 10, existe aí uma conexão mercadológica fracassada. Agora, imagine que o seu produto custou 1, você o vende por 10 e o mercado está disposto a pagar 10: isso significa que você tem um negócio rentável. O mercado às vezes parece ingrato por não se preocupar com o seu custo, pois só valida o valor que percebe.

Modelo de negócios equivocado

Apesar das startups serem modelos mais flexíveis e mais adaptáveis, elas ainda assim correm o risco de, no início da jornada, apresentarem seu modelo de negócio de maneira equivocada ao mercado, criando barreiras que não permitem escalabilidade futura – não aproveitando a tração que a genialidade do próprio negócio proporciona.

Muitos empreendedores criam um produto bacana, com uma grande possibilidade de escala, mas não sabem em que modelo estão. Sua startup é uma franquia? Uma assinatura? Um marketplace? Uma revendedora? Um negócio solidário? Onde você está? Esses são alguns exemplos entre muitos. Não saber em que fase do modelo está nem para onde quer ir, com certeza, é um forte sinal de fracasso à vista.

Marketing malfeito

Não compreender corretamente qual é o público que você pretende atingir é um forte motivo para o fracasso de uma startup. Além disso, não saber como chamar sua atenção ou como converter esse público em leads e potenciais clientes é um grave problema.

Um marketing malfeito é motivo para o fechamento de 14% das startups, segundo pesquisa da Dell Technologies.[16] Muitos empreendedores focam o desenvolvimento de bons produtos, mas não têm ideia de como vender ou promover a própria ideia. Como uma empresa sobrevive sem vender? Não tem como.

> O mercado às vezes parece ingrato por não se preocupar com o seu custo, pois só valida o valor que percebe.

Entretanto, é necessário pensar para além do "ser conhecido"; é preciso "ser desejado"! Aquilo que você oferece precisa ser aceito pelo público e atender a uma demanda do mercado – seja por uma necessidade ou por um desejo.

Pensando em todas essas questões apontadas, vou agora levantar algumas possibilidades para você, empreendedor que decidiu apostar no modelo de startup, entender do que precisa para o modelo de negócios ideal e aprender como conduzi-lo e organizá-lo para obter os resultados que tanto deseja – alcançando o seu topo da montanha.

Uma vez identificadas as melhores ferramentas e o melhor método para trabalhar, a chance de errar fica cada vez menor. Lembre-se: a empresa do amanhã começa hoje!

---

16 DESIDÉRIO, M. As 20 principais razões que levam uma empresa ao fracasso. **Exame**, 18 out. 2015. Disponível em: https://exame.com/pme/as-20-principais-razoes-que-levam-uma-empresa-ao-fracasso/. Acesso em: 12 dez. 2021.

AQUILO QUE VOCÊ OFERECE PRECISA SER ACEITO PELO PÚBLICO E ATENDER A UMA DEMANDA DO MERCADO – SEJA POR UMA NECESSIDADE OU POR UM DESEJO.

Estruturando uma empresa adaptável

Vamos revisar o que contei? Se você leu este livro até aqui é porque certamente deseja ser um empreendedor, ou, ao menos, empreendedorismo é um assunto pelo qual se interessa.

Sendo assim, é importante repensar alguns pontos antes de dar continuidade ao passo a passo que pretendo ensinar para transformar qualquer negócio em um negócio adaptável. E digo isso porque não vejo sentido em iniciar um negócio sem a opção de adaptá-lo de acordo com o que o momento lhe apresentar. Afinal de contas, todos os cenários em que um empreendimento se apresenta são instáveis: o público muda, o comportamento do consumidor pode ser diferente, a sociedade pode desejar outras coisas, a economia pode ser outra e tantos outros fatores que podem surgir. E tudo bem tudo mudar, porque você saberá conduzir o seu negócio a partir do que eu tenho para propor aqui.

Todo bom resultado nos negócios é fruto de dois fatores: um bom empreendedor e um bom empreendimento. Portanto, começo o meu passo a passo para a empresa adaptável partindo do princípio de que você, empreendedor, já está consciente de que é necessário ser um sujeito do tipo *alpinista* e de que precisa de uma mentalidade voltada para "escalar uma montanha", ou seja, pronta para percorrer toda a jornada do empreendedorismo.

Além disso, você já deve ter passado pelas fases mentais que citei: tem uma paixão pela sua ideia, que se tornou uma convicção, desapegou-se dela, incorporou um propósito a isso e está pronto para transformá-la em um projeto e colocá-lo em prática.

Pois é, uma paixão com convicção é uma espécie de sonho, algo abstrato, que ainda está no mundo da imaginação. Você já sonha com um negócio, fala dele para várias pessoas e até começa a ir atrás do que é necessário para que ele possa nascer. Mas ainda não se passa disto: um sonho. E todo sonho precisa se tornar um projeto para vir à existência. Um sonho sem um projeto é apenas uma falácia.

> Não se esqueça de adicionar um propósito ao seu negócio, assim você terá sua motivação sempre em dia para dar continuidade.

Então mãos à obra! Rascunhe a sua paixão. Imagine cada passo necessário para o seu nascimento. Do que precisa, quem estará envolvido, as estratégias para ter os resultados necessários etc. Transponha suas convicções ao papel, sem medo de se desapegar delas se for necessário para dar certo. E não se esqueça de adicionar um propósito ao seu negócio, assim você terá sua motivação sempre em dia para dar continuidade.

Está com o seu projeto em mãos? Agora é o momento de estruturá-lo! Certamente você já ouviu ou até mesmo pensou: "Eu tenho uma boa ideia de negócios, só não sei estruturá-la". É aqui que eu entro!

Estruturar um negócio não é uma tarefa fácil. Muita gente entende a noção de estruturar um empreendimento como o local em que ele estará e logo pensa na edificação, nas paredes, fachada, móveis, decoração etc. Estrutura também é um ambiente agradável para trabalhar e receber os clientes, mas não é de reformas e espaço que estou falando. Refiro-me ao planejamento detalhado do seu negócio.

Nesta ótica, independentemente do produto ou serviço que você pretende oferecer, vou apresentar o meu método

TODOS OS CENÁRIOS EM
QUE UM EMPREENDIMENTO
SE APRESENTA SÃO
INSTÁVEIS: O PÚBLICO MUDA,
O COMPORTAMENTO DO
CONSUMIDOR PODE SER
DIFERENTE, A SOCIEDADE
PODE DESEJAR OUTRAS
COISAS, A ECONOMIA PODE
SER OUTRA E TANTOS OUTROS
FATORES QUE PODEM SURGIR.
E TUDO BEM TUDO MUDAR,
PORQUE VOCÊ SABERÁ
CONDUZIR O SEU NEGÓCIO
A PARTIR DO QUE EU TENHO
PARA PROPOR AQUI.

para estruturar qualquer negócio, independentemente do tema, do produto ou do serviço, a partir do exemplo de um modelo de startup. Dificilmente um empreendimento consegue obter resultados ou manter-se ativo e competitivo no mercado se não passar por estes quatro passos: **formato**, **mercado**, **acesso** e **longevidade**. Vou apresentá-los brevemente a seguir e, depois, explorar cada um deles nos próximos capítulos.

> Rascunhe a sua paixão. Imagine cada passo necessário para o seu nascimento.

Coloque sua empresa no formato adequado

Nem toda maneira de empreender é igual. O fundador de uma startup pode se aventurar em variados formatos de fazer negócio, a depender do seu objetivo e área de atuação. Alguns exemplos são as franquias, formato de assinatura, isca e anzol, *freemium*, marketplace etc.

Alguns autores chamam de modelo de negócios, outros de tipos de negócios; eu prefiro chamar de formato de negócios, pois é exatamente a forma como o negócio vai atuar que deve se adequar para obter os resultados. Será que você pode franquear qualquer coisa? Vou contar!

Encontre o mercado certo

Todo empreendedor investe força, dinheiro e energia para vender seu produto ou serviço e, para isso, é necessário conquistar um determinado público para ser seu consumidor. Mas você, empreendedor, sabe definir o seu público ideal? Sabe como encontrá-lo e ser desejado por ele?

Lembre-se de que apostar tudo no mercado equivocado ou deixar de explorar outros mercados pode ser um forte fator para o fracasso do seu empreendimento.

Dê acesso ao consumidor

Com o formato adequado de empreendimento e público definidos, é preciso dar acesso ao consumidor. O que isso quer dizer? Dar as devidas condições para que ele adquira o que você oferece.

Já adianto que este é um assunto um pouco polêmico, mas vou mostrar que o segredo do sucesso de um empreendimento é dar oportunidade para o cliente comprar, e isso vai além do preço.

Crie longevidade para o seu negócio

Tudo bem se você deseja construir uma startup para vendê-la no futuro. Mas, mesmo assim, é necessário organizar as atividades para pensar na longevidade do empreendimento. O importante é organizar as atividades do empreendimento e algumas atividades da sua mente empreendedora também. Além disso, quero tratar da possibilidade de escalabilidade, ou seja, de multiplicar o seu negócio através de algumas ferramentas interessantes.

A partir desses quatro passos, você conseguirá estruturar adequadamente seu negócio e preparar-se para adaptá-lo diante de qualquer situação.

LEMBRE-SE DE QUE APOSTAR TUDO NO MERCADO EQUIVOCADO OU DEIXAR DE EXPLORAR OUTROS MERCADOS PODE SER UM FORTE FATOR PARA O FRACASSO DO SEU EMPREENDIMENTO.

TODO EMPREENDEDOR INVESTE FORÇA, DINHEIRO E ENERGIA PARA VENDER SEU PRODUTO OU SERVIÇO E, PARA ISSO, É NECESSÁRIO CONQUISTAR UM DETERMINADO PÚBLICO PARA SER SEU CONSUMIDOR.

4

Coloque sua empresa no formato adequado

O primeiro passo para a sua empresa conquistar resultados e manter-se ativa é colocar o seu empreendimento no formato em que verdadeiramente se encaixa, ou seja, na forma adequada para disponibilizar-se no mercado. No mundo dos negócios, é primordial agir de acordo com um formato para saber como atuar com o mercado, com os clientes e com os colaboradores. Todos os formatos são passíveis de adaptação ao longo do tempo, mas não definir um antes de entrar em ação pode ser bastante negativo. Se o seu modo de se colocar no mercado não for claro e objetivo, dificilmente alcançará os resultados que você espera.

Chamo de "formato de negócios" porque quero fazer alusão à forma, ao modo como você atuará com o seu produto ou serviço de acordo com os resultados que almeja. Mas há autores, como eu disse, que chamam de modelo de negócios, tipos de empreendimentos e até jeito de empreender. Todos esses termos são sinônimos e conceitos amplamente importantes para o empreendedorismo.

O formato de um negócio consiste em uma organização que visa auxiliar a atuação de uma empresa de maneira bem-sucedida. Para os autores suíços Alexander Osterwalder e Yves Pigneur, da obra *Business Model Generation*: *inovação em modelos de negócios*,[17] a ideia por trás de um modelo, ou um formato de negócios, é poder estipular algumas características, uma descrição de todos os elementos e fases que o empreendimento precisa ter, permitindo ao empreendedor entender como todas as partes se integram e se complementam.

> A partir do momento em que você definir com o que pretende empreender, é necessário já colocar seu empreendimento em algum formato de negócios para poder começar a trabalhar.

Sendo assim, a partir do momento em que você definir com o que pretende empreender, é necessário já colocar seu empreendimento em algum formato de negócios para poder começar a trabalhar. E existem inúmeros modelos para todos os tipos de empreendedores.

Muitos confundem o formato com um plano de negócios, mas posso garantir que não são a mesma coisa, apesar de serem ambos muito importantes para o planejamento e para a execução. Como eu comentei, o formato de negócio é a forma em que você vai dispor o seu empreendimento para lançá-lo ao mercado. E, sem dúvida, é uma das principais estratégias de lançamento. Já o plano de negócios é um projeto de como sua empresa funcionará, de como atuar dentro dela e, principalmente, a relação com os investimentos.

---

17 OSTERWALDER, A.; PIGNEUR, Y. **Business Model Generation**: inovação em modelos de negócios. Rio de Janeiro: Alta Books, 2011.

COLOQUE SUA EMPRESA NO FORMATO ADEQUADO

Por isso, eles devem ser usados em momentos diferentes: um na criação e outro na implantação. O mais adequado, primeiramente, é encontrar o formato e organizar-se com ele, e o novo empreendimento se tratar de uma startup. Feito isso, para organizar o investimento (feito por você ou por investidores, parceiros ou outra fonte de fomento), o plano de negócios deve ser elaborado e executado com bastante cuidado e atenção.

Diante disso, vou apresentar alguns formatos mais comuns que encontramos na atualidade e trazer exemplos que ilustrem cada um deles.

Franquia (*Franchising*)

Esse é o formato em que, de longe, eu tenho mais experiência, afinal de contas, sou fundador e CEO de uma, a Odonto Excellence. A franquia é um formato em que uma empresa (franqueada) utiliza a imagem e os produtos ou serviços de uma outra empresa (franqueadora), sendo a franqueadora quem dá as coordenadas e também o suporte de como a empresa franqueada deve atuar. Esse negócio é assegurado pelo contrato de franquia.

Geralmente, uma franquia nasce de um *case* de sucesso, criado pelo próprio empreendedor ou a partir de uma profunda proteção mercadológica, ou seja, um produto ou serviço que outras empresas não conseguem fazer igual, que atenda a uma necessidade de grande relevância e permanência na vida de um pretenso franqueado com resultados satisfatórios.

95

O FORMATO DE NEGÓCIO É A FORMA EM QUE VOCÊ VAI DISPOR O SEU EMPREENDIMENTO PARA LANÇÁ-LO AO MERCADO. E, SEM DÚVIDA, É UMA DAS PRINCIPAIS ESTRATÉGIAS DE LANÇAMENTO. JÁ O PLANO DE NEGÓCIOS É UM PROJETO DE COMO SUA EMPRESA FUNCIONARÁ, DE COMO ATUAR DENTRO DELA E, PRINCIPALMENTE, A RELAÇÃO COM OS INVESTIMENTOS.

COLOQUE SUA EMPRESA NO FORMATO ADEQUADO

Para esse tipo de negócio funcionar bem, a franqueadora precisa ser bem estruturada e reforçar a marca e seus potenciais de mercado, e o franqueado precisa seguir corretamente as regras e a cultura de trabalho orientados pela franqueadora. Além disso, a franquia facilita a expansão de lojas, já que o *core business* foi experimentado e aprovado.

Para ser franqueado de algum negócio, basta procurar pelos representantes e adequar-se ao que é solicitado. Mas e para ser uma franqueadora?

Sim, é possível tornar o seu negócio uma franquia. Para isso, você precisa de um *case* de sucesso com resultados bastante satisfatórios, com o produto ou serviço criado pelo empreendedor que tenha, no mínimo, proteções mercadológicas.

Há dois tipos de franquia: os de duplicação (produtos) e os de multiplicação (serviços). Chamamos de franquias de duplicação as que trabalham com produtos, pois fornecem o produto para as lojas franqueadas. Por exemplo, franquias como O Boticário, Havaianas, Chilli Beans e Cacau Show, que produzem o produto – duplicam – para abastecer seus pontos comerciais. Ou franquias como McDonald's, Subway e Burger King, que recebem os insumos fornecidos pela franqueadora para então produzir os produtos em suas lojas. São empresas com forte viés de inovação, qualidade e logística. E, por esse motivo, possuem um poder de escala maior, uma vez que têm controle mais preciso da atuação – ações do time, estoque, transporte, vendas etc.

Já as franquias de multiplicação são as que vendem serviços e, portanto, estão voltadas a uma disciplina cultural mais acentuada. Por mais que tenham métodos e processos de gestão bem definidos, faz-se necessário uma atuação humana ainda mais meticulosa para multiplicar, em todos os envolvidos, a crença por trás daquele negócio, o seu propósito. Como exemplo disso, explico o que vivo: a capacitação e o treinamento dos franqueados e colaboradores é constante, uma vez que preciso que o time todo se adapte às coordenadas da empresa. É como se cada um "tomasse" para si minhas crenças para que, ao colocá-las em prática, o serviço seja padronizado a partir do modelo desenvolvido por mim.

Esse tipo de franquia possui um pouco mais de dificuldade de crescimento justamente pelo desafio de compartilhar o propósito e a cultura empresarial e manter o nível de serviços em todos os locais. É por isso necessário, em franquias de multiplicação, estabelecer um conjunto de regras e práticas para atuar no segmento. Alguns exemplos desse tipo de franquia são Fisk, CCAA, CVC Brasil, Espaço Laser e, é claro, a Odonto Excellence.

Não se pode esquecer de que é preciso que a franqueadora tenha uma participação com royalties: seja na venda do produto, na produção do produto final ou na prestação do serviço. E, por ser uma participação pequena, indicadores mostram que os resultados ou lucros expressivos só virão após a escalabilidade e o tracionamento do negócio.

Uma boa franqueadora precisa do máximo de facilidade de gestão e controle para si e seus franqueados. Até mesmo porque não é possível alcançar crescimento rápido e escalável em algo de grande complexidade. Por isso, nem todo negócio, por mais promissor que seja, pode existir no formato de franquia. Um exemplo bastante conhecido é o da famosa franquia de bolos gourmet – a Sodiê Doces. A ideia inicial é

COLOQUE SUA EMPRESA NO FORMATO ADEQUADO

que, por serem detentores de uma receita única e exclusiva no preparo de bolos e tortas, compreenderam que poderiam se tornar uma franquia de duplicação. Sendo assim, ao comprar a franquia, você contrata os confeiteiros e todos passam por treinamento com a franchising para aprender a fabricar o bolo. Depois, todos voltam às lojas com um livro de receitas em mãos para colocar em prática o que aprenderam.

> Nem todo negócio, por mais promissor que seja, pode existir no formato de franquia.

Em um primeiro momento, até a loja ganhar destaque e o produto ser conhecido e conquistar seu espaço no mercado, o franqueado constrói um *mailing* de clientes. Com o passar do tempo, a relação franquia *versus* franqueado perde relevância e sustentabilidade. Ora, se para fabricar aquela receita o açúcar, a farinha de trigo, o fermento e todos os outros ingredientes e acessórios poderiam ser das mais variadas marcas, onde está a proteção dessa relação? Por que pagar royalties sobre esse produto? Não há uma proteção mercadológica nessa relação, requisito básico para o sucesso de uma franqueadora.

Imagine pagar 12% de royalties sobre a venda do bolo porque um dia você me ensinou a receita. O nível de proteção que perpetua uma relação em franquias é a dependência existente na relação franquia e franqueado. Ao perder a relevância, o franqueado muda o nome da loja, comunica sua clientela das mudanças e continua oferecendo o mesmo produto sem precisar pagar os royalties à franqueadora. Não estou desqualificando o negócio em si, porque os produtos são maravilhosos. Apenas critico o formato do negócio como franquia, que, na minha análise, é inadequado.

Outro exemplo em que o formato de franquia me parece equivocado: em uma ocasião, fui convidado para orientar uma grande distribuidora de insumos e equipamentos odontológicos, visto que sou o CEO da maior franquia odontológica do Brasil e grande conhecedor de franquias. A ideia do CEO da distribuidora era transformar-se em franquia e abrir lojas por todo o Brasil.

Ele propunha ao pretenso franqueado que, por ser uma grande distribuidora, teria preços mais atrativos em produtos e outros materiais odontológicos. Mas pensemos: ele não produzia e não prestava nenhum serviço exclusivo ao franqueado, apenas passaria os produtos em um preço melhor. Se o franqueado encontrasse, por exemplo, um produto com um valor melhor em uma distribuidora concorrente, o que o impediria de fazer negócio com ele, uma vez que o produto era o mesmo?

Mais uma vez, o formato de franquia não era o adequado para tal negócio, pois infelizmente o que sustentaria essa relação seriam as cláusulas contratuais de protecionismo jurídico por não haver proteção mercadológica.

Assinatura

O formato por assinatura funciona através do oferecimento de um produto ou de um serviço de maneira contínua com uma cobrança recorrente, sendo essa cobrança feita mensal, semestral ou anualmente, a depender do produto ou serviço oferecido. Esse formato é bastante usado no mercado de entretenimento ou de divulgação de informação, e certamente você é cliente de alguma assinatura.

As assinaturas podem ser utilizadas tanto por negócios on-line (acesso a aplicativos ou plataformas) quanto por serviços físicos (como aulas em academias e compra de revistas). É importante que negócios por assinatura trabalhem com a fidelização de seus clientes, evitando o cancelamento de seus serviços e incentivando a renovação contínua. Por isso, a necessidade de manter a qualidade do que é ofertado e também vantagens em permanecer assinante é constante.

Alguns exemplos de empresas que utilizam esse modelo são: Netflix, Sky, Amazon Prime, *Exame*, *Veja*, Vivo, Claro, SmartFit, entre outras.

Para se tornar um empreendedor no formato de assinatura é preciso considerar que vivemos em uma sociedade em constante mudança, por isso é importante atentar para as análises e manipulações comportamentais com o intuito de despertar o interesse de consumo através de ofertas vantajosas, inovação, renovação e posicionamento.

É o caso da assinatura de jornais e revistas que sofreram uma desmonetização ao migrar para o mercado digital: tiveram de se reinventar para manterem-se ativos. O mesmo se deu com a disputa pela assinatura de plataformas como Netflix e Amazon Prime, em que a qualidade dos produtos e do serviço são levadas em consideração, principalmente no quesito lançamentos. Já as academias, que, estatisticamente, entre a aderência e a permanência anual de seus alunos, chegam a apenas 3,7% de permanência,[18] precisam de argumentos de maior relevância de interesse para manter os clientes fidelizados.

Assim, entendo que o propósito principal que o formato de assinatura tem é manter o fluxo de caixa com mais constância para a saúde do empreendimento. Mas, para a fidelização do cliente, não basta apenas uma ação contratual. É necessário manter a relevância dos conteúdos para que a motivação seja unilateral.

Marketplace

Esse é o formato dos grandes impérios varejistas, como as Lojas Americanas, Walmart, Mercado Livre, Netshoes, Submarino, Amazon e vários outros. O formato de marketplace é uma das estratégias mais utilizadas e funciona assim: uma loja pequena aluga um espaço dentro de uma dessas varejistas. Pode acontecer de maneira virtual ou física. O aluguel é pago através das porcentagens de venda acordadas ou um aluguel, propriamente, do espaço.

Através desse formato, marcas pequenas, que geralmente atraem pouca visibilidade, ganham espaço e podem conectar-se a um público maior e de maneira mais eficiente. Claro que isso pode gerar uma relação de dependência, pois, se a marca ou loja menor não trabalhar bem, o nome lembrado

---

[18] POMPEO, C. Na "Era Fitness" apenas 3,7% dos alunos permanecem um ano na academia. **Gazeta do Povo**, 8 abr. 2016. Disponível em: https://www.gazetadopovo.com.br/vida-e-cidadania/na-era-fitness-apenas-37-dos-alunos-permanecem-um-ano-na-academia-8tzhbmlrjduld8def5tvgqw0k/. Acesso em: 12 dez. 2021.

pelo consumidor será sempre o da loja grande que o vendeu. É uma questão de estratégia do negócio.

Cito como exemplo o empreendimento de um amigo que possui um marketplace de artigos de festas infantis. Esse formato é escalonável, os produtos são bem-aceitos, é um negócio lucrativo, porém, na minha opinião, ele possui um tímido *valuation* – digo tímido porque ele investe mais em patrimônio físico do que na construção da marca do próprio empreendimento.

> Para a fidelização do cliente, não basta apenas uma ação contratual. É necessário manter a relevância dos conteúdos para que a motivação seja unilateral.

Esse é o típico comportamento de empresários tradicionais e de mentalidade campal, procurando sempre segurança. Acredito que, se tivesse concentrado a sua energia financeira na construção da marca, provavelmente, ao fazer um aporte de capital, o marketplace dele valeria, pelo menos, três vezes mais.

Quando eu falo de uma pequena loja dentro de uma grande, não falo apenas de pequenas marcas dentro de uma grande loja. Observe o caso da Red Bull, por exemplo, que compõe o portfólio do bilionário Dietrich Mateschitz, o 56º homem mais rico do mundo,[19] que transformou essa marca em uma poderosa do ramo, presente tanto nos maiores marketplaces do mundo, como Walmart, Amazon e Lojas Americanas, como no mercado do seu bairro, na banca de revistas da praça, nas conveniências etc.

---

[19] DIETRICH Mateschitz – bilionários. **SUNO**, 2021. Disponível em: https://www.suno.com.br/tudo-sobre/dietrich-mateschitz/. Acesso em: 12 dez. 2021.

A CAPACITAÇÃO E O TREINAMENTO DOS FRANQUEADOS E COLABORADORES É CONSTANTE, UMA VEZ QUE PRECISO QUE O TIME TODO SE ADAPTE ÀS COORDENADAS DA EMPRESA.

Aliás, acredito que, no futuro, as franquias de duplicação, de produto, para que tenham uma flexibilização quanto ao custo, migrarão para ou se tornarão marketplaces. Imagine franquias como O Boticário e a Chilli Beans migrando para um marketplace. Por mais que estejam mudando o posicionamento, não perderiam, de maneira acentuada, o *valuation* de suas marcas.

Por isso é tão importante, estrategicamente, escolher de maneira adequada um formato de negócio que esteja de acordo com o seu empreendimento.

Freemium

Nesse formato se trabalha com a concessão de produtos ou serviços *premium* de maneira gratuita, algo muito comum para negócios on-line. Você concede de maneira gratuita e temporária alguns serviços que consideramos *premium*, como uma espécie de "amostra grátis" do seu empreendimento. Após esse período de "amostra", o cliente que foi conquistado adquire o produto ou serviço e pode ser um cliente do tipo assinatura, tendo a concessão total do produto ou do serviço, pois algumas plataformas disponibilizam gratuitamente apenas uma parte.

O freemium é uma modalidade muito recorrente em lançamentos de novos empreendimentos, em que se desconhece aquele tipo de produto ou serviço. Bons exemplos do formato freemium é o streaming Spotify e a plataforma de reuniões on-line Zoom.

Por falar em Zoom, durante a pandemia, a plataforma teve um crescimento de 169% de receita quando a população podia se reunir apenas de maneira on-line.[20] Eu mesmo, na minha empresa, comecei a utilizá-lo de maneira freemium e hoje já somos assinantes, porque nos tornamos dependentes da plataforma.

> O freemium é uma modalidade muito recorrente em lançamentos de novos empreendimentos, em que se desconhece aquele tipo de produto ou serviço.

Outro exemplo da minha empresa: meu time de expansão utilizava um site que fornecia dados precisos sobre bairros e cidades brasileiras para a liberação de células mercadológicas para a implantação de novas unidades para a minha franquia. Esse site, que nos dava informações de maneira gratuita, com o tempo exigiu que pagássemos uma assinatura semestral para continuar a usá-lo. E pagamos porque, mais uma vez, ficamos dependentes de um produto freemium.

É importante entender que esse formato se assemelha ao de Isca e Anzol que falarei a seguir, mas ele não tem a intenção de construir o mesmo engajamento mercadológico de facilitar a aquisição pelo preço baixo ou gratuito. Por isso, o formato freemium tem o propósito de gerar novas experiências daquilo que é desconhecido (algo novo) para o mercado e, a partir disso, criar dependência no usuário.

---

[20] FREITAS, T. Em meio à pandemia, Zoom cresce 169% e tem receita recorde em um trimestre. **StartSe**, 3 jun. 2020. Disponível em: https://www.startse.com/noticia/nova-economia/zoom-pandemia-crescimento. Acesso em: 12 dez. 2021.

Isca e anzol

Esse modelo de negócio leva esse nome porque oferece um produto ou serviço atrelado a outro. Isso quer dizer que, para continuar utilizando esse produto ou serviço, é necessário continuar consumindo da marca. Dessa forma, o cliente se sente "obrigado" a continuar comprando da mesma empresa.

Geralmente, um tem margem de lucro menor e o outro, uma margem de lucro maior. A inteligência está em facilitar a adesão, por mais que sejam produtos já conhecidos pelo consumidor, além de fidelizar e gerar exclusividade. Por isso, o enrijecimento quanto à fabricação do produto.

Um exemplo desse formato de negócios são as cafeteiras à cápsula. Para continuar utilizando a cafeteira (isca), o consumidor precisa adquirir as cápsulas de café (anzol) da mesma fabricante da cafeteira, pois as cápsulas de outra marca não funcionarão no aparelho.

Existem também máquinas de café de ambientes corporativos que são cedidas, com seus insumos, para o uso, utilizando outra forma de anzol – contrato de consumo. Se não vender uma quantidade mensal de cafés, é preciso cobrir a diferença.

Outro exemplo são as impressoras e cartuchos da mesma marca em que um não funciona sem o outro, fazendo com que a aquisição do produto seja mais cara. E o mesmo com os barbeadores e lâminas da Gillette – os aparelhos de barbear se adaptam apenas às lâminas da marca.

Esse formato de isca e anzol trabalha três pontos: facilidade de adesão, exclusividade e fidelidade. Atualmente, percebo que no mercado, sobretudo na área de prestação de serviços, a adesão é facilitada por meio de cláusulas de rompimento flexíveis – a entrada é através da facilitação da saída. Vamos imaginar que você queira aderir a um serviço, mas para isso precisaria assinar um contrato cheio de cláusulas que o amarrariam no momento de romper o serviço. Você aceitaria?

Por exemplo, recentemente prestei consultoria para uma startup de soluções especializada em tratar dados na internet com a Lei Geral de Proteção de Dados Pessoais (LGPD), e que oferecem os seus serviços por um valor bastante atrativo inicialmente (isca). Com o tempo, eles cobram o valor integral do serviço e, se o cliente quiser romper as atividades, estará envolto em mil e uma consequências graças ao contrato que assinou. Diante disso, fica claro que a isca era muito boa, mas as cláusulas contratuais de rompimento amedrontavam o cliente e a adesão não acontecia.

Eles queriam uma análise do porquê o projeto não decolou, pois esperavam uma aceitação em larga escala. E eu disse: "O modelo de isca para adesão tem sinergia com o seu cliente e o pitch de vendas é convincente, mas as cláusulas contratuais de rompimento se tornam um anzol doloroso, pois afastam o cliente". Sugeri que flexibilizassem a desistência do cliente para que tudo ficasse mais fácil. Após relutar, com justificativa de protecionismo, aceitaram o meu conselho e passaram a ter os três itens mais importantes desse formato: a fidelização, a exclusividade e a facilidade de adesão. Assim, consegui provar que o que mais move o mundo dos negócios não são os famosos contratos cheios de armadilhas, e sim a visão do bem comum a todos. A empresa ficou com um portfólio de clientes satisfeitos.

Economia colaborativa

Esse formato de economia colaborativa conecta interesses econômicos em comum entre as pessoas. Assim, uma pessoa pode oferecer algo a outra que tenha interesse no produto ou serviço oferecido. Essa atividade se dá pela concentração do trabalho em um centro de distribuição – ancorado em um aplicativo. Vejo nesse formato uma tendência de comportamento liberal muito grande, no qual as pessoas têm liberdade de aceitar ou não a atividade de acordo com a sua avaliação.

É um formato bastante utilizado pelas startups, pois trata-se de uma tendência que valoriza mais o acesso e o reaproveitamento do que a aquisição, a posse e a produção, já que entra em voga a desmaterialização e a genialidade da facilidade, gerando, assim, poder de escala.

A economia colaborativa possui três modalidades: sistema de produtos e serviços, como Uber e Airbnb; sistema de redistribuição, como Mercado Livre, eBay e Estante Virtual; e estilo de vida colaborativo, como as iniciativas de financiamento coletivo (crowdfunding) e também as de trocas de informações, como a Wikipedia e o Waze.

Sinceramente, essa é uma modalidade em que as pessoas se relacionam de maneira muito mais simples, eclética e natural. Dá-se a impressão de que, nesse formato, rasgou-se a formalidade da carteira de trabalho e passou-se a validar a humanização entre as relações. Nesse modelo, a satisfação do usuário é, efetivamente, a cláusula principal para que o profissional freelancer se mantenha no jogo.

Entendendo a revolução desse formato de negócio na sociedade, fundei um centro de inteligência, a Lions Startups, a fim de criar e acelerar novas startups para o mercado. Um dos meus primeiros projetos foi a criação e a implementação de uma plataforma de ensino no formato colaborativo: professores, das mais diversas áreas e disciplinas, cadastram-se no aplicativo oferecendo seus serviços de ensino e alunos cadastram-se procurando determinadas aulas. Por exemplo, uma mãe cadastrou seu filho para reforço de matemática e um professor de matemática do ensino médio estava disponível para tal serviço em seu horário livre. Assim, estreitamos essa relação, com possibilidade ainda de compartilhar a mesma aula com outros interessados – barateando o custo para os alunos – e com sistema de avaliação de professores e estudantes. Além disso, a facilidade e a desmaterialização acontecem: não há a necessidade de escolas e salas de aula e muito menos o deslocamento de professores e alunos para as aulas. Com isso, o professor atua como freelancer, fazendo uma renda extra.

Esse formato, portanto, por contar com grande capacidade de adaptação ao novo comportamento social, gera disrupção no mercado e escalabilidade em tempo recorde na valorização do empreendimento – empresas milionárias e unicórnios – como nunca se viu antes.

Venda direta

Esse, certamente, é um dos formatos mais antigos de todos. A venda direta é uma forma de comércio praticada há séculos em que inicialmente vendiam-se apenas os seus próprios bens e, com o passar dos anos, evoluiu para os representantes comerciais diretos.

Trata-se de um método de distribuição e vendas que aposta no trabalho de vendedores independentes, autônomos ou até mesmo freelancers para realizar a venda de produtos diretamente ao consumidor final. Essa atividade iniciou-se no Brasil em meados da década de 1940, com venda de enciclopédias e cosméticos. Depois, passou para a venda através de catálogos em que os representantes ficavam responsáveis por zelar pela revista e fazer os pedidos diretamente com os fabricantes, fossem de perfumes, roupas ou outras utilidades.

Um exemplo desse formato é a Avon. A empresa de cosméticos existe desde 1886, e o seu fundador, David H. McConnell,[21] criou-a inspirado na ideia de que as mulheres poderiam ter uma renda complementar. Nos dias de hoje, a Avon tem mais de 6 milhões de representantes em mais de cem países. O mesmo acontece com empreendimentos como Natura, Eudora, Hinode, Jequiti e tantas outras – esta última, fundada pela família Abravanel, conta com mais de setecentos produtos em seu portfólio.[22] Quem não conhece alguma vizinha, colega de trabalho ou até mesmo um familiar que revende produtos através de um catálogo?

---

[21] A AVON. **Avon**, 2021. Disponível em: https://www.avon.com.br/institucional/a-avon?sc=1. Acesso em: 12 dez. 2021.

[22] JEQUITI investe na venda de produtos não cosméticos. **Planin**, 2021. Disponível em: https://planin.com/jequiti-investe-tambem-na-venda-de-produtos-nao-cosmeticos/. Acesso em: 12 dez. 2021.

CONSEGUI PROVAR QUE O QUE MAIS MOVE O MUNDO DOS NEGÓCIOS NÃO SÃO OS FAMOSOS CONTRATOS CHEIOS DE ARMADILHAS, E SIM A VISÃO DO BEM COMUM A TODOS.

Sendo assim, o sucesso desse formato se dá pela credibilidade do marketing mais eficiente do mundo: o boca a boca. Sobre isso, falarei um pouco mais adiante.

A partir de todos esses formatos apresentados, além de outros, como liberação de uso de marca, cooperativas, negócios com bens de propriedades intelectuais etc., meu propósito maior é fazer com que você reflita quanto à melhor forma para atuar no mercado.

Escolher, antes de qualquer outra atitude, o seu formato de maneira assertiva servirá para que você tenha leveza e facilidade em sua atuação e, consequentemente, para que se torne um empreendedor mais próspero e feliz.

Encontre o
mercado certo

Depois de escolher o formato em que você pretende empreender, é o momento de fazer o seu plano de negócios – e todo plano de negócios precisa partir de uma compreensão aprofundada do mercado em que está inserido. O mercado nada mais é do que o tempo, o lugar em que você está, o comportamento das pessoas e a atuação do seu segmento. Ou seja, tudo o que engloba o seu negócio e que fará parte de seu plano de negócios para criar sentido e sinergia com a sociedade.

Muitos empreendedores lançam seus negócios sem conhecer o cenário em que vão atuar e como se posicionar nele. Com isso, tendem a ficar melancólicos diante dos obstáculos por desconhecer o que acontece a sua volta. Às vezes, culpam justamente o mercado pelos desafios que naturalmente qualquer empresário vai enfrentar.

Para entender o mercado, é preciso saber o que aconteceu no passado, o que acontece no presente e também prever o que pode acontecer no futuro. Todos os dias, somos bombardeados com notícias de guerras civis, corrupção, crises financeiras, fome, pobreza, aquecimento global, entre outras negativas, mas, por outro lado, nos últimos setenta anos, vivemos um avanço que deve ser comemorado.

Por exemplo, na década de 1950, morriam, por causas diversas, cerca de 20% das crianças antes dos 5 anos. Hoje, podemos comemorar um percentual inferior a 5%. O consumo de calorias por pessoa, na década de 1950, era menor do que 2 mil calorias em média. Atualmente, esse número está próximo de 3 mil. Também no mesmo período, a população analfabeta do mundo era superior a 70%. Hoje está inferior a 10%.[23]

Fiz essa observação para mostrar as conquistas que levaram setenta anos para acontecer, mas, na atualidade, comportamentos e novos hábitos ocorrem muito mais rapidamente. Portanto, não se pode esperar que tudo se modifique para só então entender o que se passou e decidir o que fazer. Todo empreendedor moderno sabe que é preciso agir por antecipação.

Como assim "antecipar"? Vou dar um exemplo. Lembro-me de quando fui construir a sede de uma das minhas empresas, uma construção robusta, um escritório de aproximadamente 2 mil metros quadrados, e quis dar certa imponência visual à edificação. No paisagismo da empresa, decidi plantar palmeira-imperial e acabei fazendo algo desafiador: fui até uma plantação de palmeiras, em uma cidade no interior de São Paulo, e comprei 36 palmeiras com mais de 30 metros de altura, ou seja, já com aproximadamente vinte anos de desenvolvimento, em fase adulta.

---

23 SINEK, S. **Comece pelo porquê**: como grandes líderes inspiram pessoas e equipes a agir. Rio de Janeiro: Sextante, 2018. p. 204-205.

DEPOIS DE ESCOLHER O FORMATO EM QUE VOCÊ PRETENDE EMPREENDER, É O MOMENTO DE FAZER O SEU PLANO DE NEGÓCIOS – E TODO PLANO DE NEGÓCIOS PRECISA PARTIR DE UMA COMPREENSÃO APROFUNDADA DO MERCADO EM QUE ESTÁ INSERIDO.

Imagine a logística, a extração do solo, o transporte dessas árvores, por aproximadamente 200 quilômetros até a minha cidade, o preparo do solo para o replantio, com uma proteção para que criassem raízes e tivessem sustentação própria etc., trabalho que se prolongou por mais de um ano de cuidados peculiares.

Alguém me perguntou: "Oséias, por que você não fez como todo mundo, comprou mudas que se desenvolvessem naturalmente?". Eu expliquei: "O mundo mudou, tudo está muito rápido, as realizações estão se acelerando e, sinceramente, quando essas palmeiras ficarem adultas, eu já terei idade avançada, e elas não me darão o mesmo prazer de agora ao sair na sacada do meu escritório e vê-las em tamanha imponência".

Compartilho essa história para você entender que o mundo já não é mais o mundo da espera nem do apego aos padrões, muito menos das renovações tímidas. Pense em uma loja tradicional de varejo. Nada mais chato do que entrar em uma loja, com vontade de conhecer algum produto, e o vendedor imediatamente se aproximar e perguntar "Em que posso ajudar?". Por mais que a palavra do vendedor seja humanizada, a intenção de vender é evidente e isso nos causa desconforto e, algumas vezes, até desânimo.

Quem nunca foi a uma loja de sapatos e a vendedora trouxe caixas e mais caixas com calçados para que você os provasse e, no fim, mesmo não gostando de nenhum, sentiu-se constrangido em não comprar alguma coisa para compensar todo o trabalho do vendedor? Eu mesmo lembro que certa vez fui a uma loja de sapatos e me sentei em um banco com um espelho em frente, provando diversos pares. Não me dei conta que o tempo ia passando e o volume de caixas aumentava à minha volta. Quando olhei nos olhos da vendedora, ela me perguntou: "E então? De qual o senhor mais gostou?". Sinceramente? Nenhum!

É óbvio que não falei isso, apenas pensei. Nesse momento, queria que um buraco se abrisse no chão da loja para que eu pudesse desaparecer, porque não tive coragem de dizer não à vendedora, que foi tão prestativa, pois eu me sentiria culpado de ir embora sem levar nada. Comprei um par qualquer, sem satisfação, porque tive o sentimento de culpa de que roubara o tempo em que ela poderia ter vendido para outro cliente, sem contar que ela impunha energia com suas idas e vindas ao estoque segurando uma pilha de caixas.

O que quero dizer é que esse modelo de venda é um padrão do passado que precisa ficar no passado e ser reinventado.

Pensando nisso, a gigante Apple, preocupada com o clima gerado aos seus clientes em suas lojas físicas, chegou a mudar o conceito de lojas para praças. "Achamos que as lojas de varejo são os maiores produtos da Apple", disse Angela Ahrendts, diretora de varejo da Apple, em seu primeiro discurso no cargo. "É engraçado – na verdade, já não chamamos de loja. São chamadas de 'praças', por serem lugares onde todo mundo é bem-vindo".[24]

Fica evidente que o desejo principal da Apple é entregar carisma, deixando as pessoas confortáveis no ambiente. Assim, inspira e ensina quem visita as tais praças a se

---

24 KAHNEY, L. Tim Cook: o gênio que mudou o futuro da Apple. Rio de Janeiro: Intrínseca, 2019. p. 128-129.

familiarizar com seus produtos, criando relacionamentos duradouros entre empresa e clientes.

Temos a energia da vendedora de sapatos e o carisma da loja da Apple. A energia empolga, mas o carisma inspira. Energia é fácil de ver e fácil de avaliar. Porém, o carisma é difícil de definir, quase impossível de avaliar. É quase impreciso, mas gera bem-estar nas pessoas. É por essas e outras que a Apple não tem apenas usuários, e sim verdadeiros fãs.

Além do apego aos padrões, como citei, é preciso falar das renovações tímidas, uma espécie de manipulação mercadológica. Como exemplo, temos o caso das pastas de dente da Colgate. Há cinquenta anos, a Colgate tinha apenas uma única concorrente. Mas, posteriormente, a concorrência cresceu e, consequentemente, as vendas diminuíram. Com isso, começaram as tímidas inovações, que prefiro chamar apenas de renovações. Com o intuito de manter seus clientes, até 2009, a Colgate já havia lançado 32 tipos diferentes de pastas dentais (com adicionais de controle de tártaro, clareador, adicional de flúor, partículas brilhantes, entre outros). E, mesmo assim, não elevou a famosa empresa no ranking de conquista na escala mercadológica.[25]

Ao olhar para os tempos atuais, tenho sempre a preocupação de que uma empresa geralmente não quebra quando comete erros, e sim quando para de acertar. Vou explicar melhor: quando ela comete erros, gera uma dor em algum lugar (prejuízos); quando para de acertar, por outro lado, é porque realiza manobras que geram a estagnação do

---

25 KAHNEY, L. Tim Cook: o gênio que mudou o futuro da Apple. Rio de Janeiro: Intrínseca, 2019. p. 212.

ENCONTRE O MERCADO CERTO

negócio, estratégias de mercado que mais agradam os executivos da empresa do que o mercado. Diante disso, imagine que chega um concorrente com uma inovação disruptiva, algo tão perceptível e desejado pelo mercado, que logo conquista o mercado. Em pouco tempo, essa nova empresa vai olhar a sua pelo retrovisor. Portanto, uma das

> **Uma das regras básicas é não criar mais do mesmo com renovações sem grande relevância.**

regras básicas é não criar mais do mesmo com renovações sem grande relevância, confiando apenas em ser uma empresa conhecida.

No início da minha franquia, como é de praxe, acumulei diversas funções e viajava para vender novas unidades. Lembro-me de negociar uma nova franquia em uma cidade no interior do Paraná e encontrar uma clínica tradicional interessada em se tornar minha franqueada. Durante a negociação, houve bastante resistência por parte da proprietária da clínica.

O ápice da resistência ocorreu no momento em que falei que, para ser parte da minha franquia, precisaria trocar o nome da clínica. A administradora da clínica se colocou em pé e, quase raivosa, me disse: "Você está louco? Nós trabalhamos nesta cidade há muitos anos e somos conhecidos por todo mundo aqui. Se tivermos que trocar de nome, não vamos fechar negócio". Eu perguntei: "Qual é a receita mensal da sua clínica?". Argumentei que, em seis meses, estaríamos com uma receita cinco vezes maior do que a que ela tinha naquele momento. Ela me respondeu: "Não acredito nisso, pois estou trabalhando há dez anos para chegar nesse patamar".

AO OLHAR PARA OS TEMPOS ATUAIS, TENHO SEMPRE A PREOCUPAÇÃO DE QUE UMA EMPRESA GERALMENTE NÃO QUEBRA QUANDO COMETE ERROS, E SIM QUANDO PARA DE ACERTAR.

ENCONTRE O MERCADO CERTO

Apenas concordei e nos despedimos. Passado um ano, com outros franqueados, inaugurei uma unidade na mesma cidade e em pouco tempo já tínhamos uma receita dez vezes maior do que a clínica tradicional e conhecida.

Proponho um questionamento: o que levou, em tão pouco tempo, uma clínica da Odonto Excellence a ter uma receita dez vezes maior do que a da clínica tradicional e conhecida? Ser conhecido já não é mais um diferencial para o mercado. Uma empresa de sucesso precisa ser desejada. Por isso, deixo aqui um conselho a todos os empreendedores que ainda têm em mente que ser conhecido é fator relevante: em um mercado de ações rápidas, em que o tradicionalismo está sendo diluído pelas redes sociais, pelos veículos de comunicação, pela modernidade, pela inteligência tecnológica, o seu produto ou serviço precisa ser desejado pelo seu cliente como se ele estivesse em um deserto ao meio-dia, sob o sol escaldante, com uma sede imensa, e você colocasse na frente dele um copo de água fresca.

Com mais de trinta anos empreendendo e auxiliando colegas empreendedores, já presenciei muitos enganos, como empreendedores que montam uma empresa e, passados alguns meses, ainda não têm resultado. "Ainda estamos no início," dizem. Cuidado porque produtos novos e desejados nesse mercado de ritmo avassalador estão sendo lançados e aceitos rapidamente; não espere o tempo passar, pois você pode não estar tendo conexão com o mercado ou seu produto não está sendo percebido ou aceito.

Reitero: a competitividade no mercado é tão grande que não basta apenas ser conhecido pelo mercado; é preciso ser desejado. E isso só vai acontecer em um ambiente de desconforto no mercado.

Existe uma máxima que diz que "a abundância gera desvalorização e a escassez gera valorização". Ora, enquanto tínhamos abundância, os empresários tinham pouca preocupação em se reinventar. Durante a pandemia de covid-19, diante de uma crise totalmente desconhecida, em que a escassez foi principalmente da liberdade, já que as pessoas foram aconselhadas a ficar em casa, a área de varejo, do dia para a noite, viu seus estabelecimentos ficarem vazios. E agora, José?

Muitos empresários até tinham conhecimento, mas por terem as metas cumpridas, os lucros almejados, acabaram procrastinando as mudanças que poderiam alçar suas empresas ao novo patamar. Como diz o grande empresário e investidor americano Warren Buffett, "você só descobre quem está nadando pelado quando a maré abaixa".[26] Quer dizer, só fica exposto o erro do tradicionalismo e da procrastinação em meio à crise. Aqueles que tinham o *mailing* de seus clientes, com seus perfis, contatos, preferências etc., estavam mais preparados para quando a maré baixou, como na pandemia de covid-19.

Por exemplo, imagine que você tem um restaurante e sabe que seu cliente e a família frequentam o estabelecimento todas as sextas-feiras. Já temos aqui o primeiro dado, o hábito de que essa família tem de sair para jantar todas as

---

26 15 frases que ajudam a entender a mente de Warren Buffet. **Economia Uol**. 22 out. 2015. Disponível em: https://economia.uol.com.br/noticias/infomoney/2015/10/22/15-frases-que-ajudam-a-entender-a-mente-de-warren-buffett.htm. Acesso em: 13 dez. 2021.

A COMPETITIVIDADE NO MERCADO É TÃO GRANDE QUE NÃO BASTA APENAS SER CONHECIDO PELO MERCADO; É PRECISO SER DESEJADO.

sextas-feiras. Vamos supor que, através de um bom software de gestão, você capta qual é o prato que costumam pedir, um filé de salmão ao molho de maracujá, e as bebidas, e sabe também o telefone desse seu cliente, o endereço e as redes sociais dele e pode se reinventar oferecendo-lhe o mesmo serviço, no mesmo dia e horário. Em tempos de isolamento social, em que boa parte do comércio teve de permanecer fechado, imagine ligar para o seu cliente e dizer: "Sr. Pedro, é sexta-feira, 20 horas, horário em que o senhor costumava ir ao meu restaurante com sua família. O senhor não pode vir, mas eu tenho aqui o seu filé de salmão ao molho de maracujá fresquinho e posso enviá-lo com toda segurança para sua casa para que o senhor se sinta como se estivesse passeando novamente. Que tal?". Garanto que esse tipo de abordagem inovadora teria muitas respostas positivas.

Outro exemplo: uma barbearia ou um salão de beleza, em que costumeiramente o cliente realiza algum serviço no cabelo e o estabelecimento mantém o histórico, com os serviços, do que gosta, seus contatos. É possível propor ao cliente, por exemplo, um serviço privativo, com toda a segurança e higienização para que ele se sinta protegido. Poderia falar de centenas de exemplos de pitch de vendas on-line com o cliente.

Perceba a diferença entre quem estava preparado para quando a "maré baixasse" com a crise, com seu *mailing* de clientes preparado, e aqueles que passaram vergonha porque não souberam se preparar ou procrastinaram a preparação. No mundo dos negócios, não adianta dar desculpas, é preciso resolver o problema.

ENCONTRE O MERCADO CERTO

Existem três tipos de problema: os que você resolve, os que você apenas melhora e os que não têm solução. É claro que com a pandemia de covid-19, em que o mundo todo parou, o problema passa a ser de todos, ou seja, passa a fazer parte da vida. Mas, na grande maioria das crises, podemos, sim, propor melhoras, como nos exemplos anteriores. Pois, na crise, as pessoas não deixam de consumir, apenas se tornam mais seletivas sobre onde consumir. Quem gerar mais facilidades, seja logística de entrega, precificação, condições, ganha o público. Como diz o velho ditado, "enquanto alguns choram, outros vendem lenços".

Quero ser enfático quando afirmo que precisamos ser resilientes e, para mim, ser resiliente é o equilíbrio entre a *levitação* e a *força gravitacional*. Encontro pessoas que para mim estão levitando demais, ou seja, perdendo a conexão com a realidade. Por exemplo, aqueles que dizem que o mundo nunca mais será o mesmo, que tudo vai mudar permanentemente. Eu mesmo não acredito que levaremos outros setenta anos para avanços significativos, como os que citei no início deste capítulo, pois vivemos sistematicamente muitos avanços em apenas alguns meses. Acredito que, em meio a milhares de empresas que sucumbiram no Brasil, a seleção feita pela crise nos mostrou os preparados e os despreparados.

Não podemos viver a lei da força gravitacional achando que tudo está perdido. Acredito, sim, que diante desta crise, com a escassez de liberdade, as experiências mudaram, tanto por parte do empresário quanto do consumidor. Pessoas que nunca compraram por delivery, por exemplo, agora estão familiarizadas com a ferramenta, e comerciantes que se satisfaziam com dezenas de mesas lotadas em seus restaurantes estão agora abrindo cozinhas on-line.

Compartilho uma situação que aconteceu comigo. Recebi a notícia de que meu livro *Gestão fácil*, no formato e-book, estava em promoção no site da Amazon por apenas 1,99 reais. Confesso que me empolguei e queria logo comprar uma quantidade grande para distribuir entre meus alunos. Mas, quando fui fazer a compra, notei que só poderia comprar um e-book por CPF. Entendi que a Amazon não estava interessada em vender o meu livro, mas fazer com que as pessoas tivessem a experiência da compra em sua plataforma.

Acredito que houve uma evolução no uso do mundo digital quase de maneira viral. Por isso houve grande aumento de *valuations* de empresas como Zoom, Amazon, Mercado Livre, Alibaba, Netflix, Ifood e tantas outras. Empresas que ultrapassaram as tradicionais. Enfim, o mundo da inovação não acontece sob pressão, mas pode ser no desconforto.

Ao fazer a análise de mercado (do tempo, do lugar onde se encontra, do comportamento das pessoas e da atuação do seu segmento), percebo que as mudanças acontecem em ciclos menores. Até mesmo porque as crises fazem parte do desconforto do empreendedorismo, sendo ela política, climática, pandêmica, social, financeira, digital etc. Uma vez que você compreende essas mudanças, compreende o mercado. E, uma vez que o mercado foi definido no seu plano, precisa dar ao seu empreendimento acesso ao público.

NO MUNDO DOS NEGÓCIOS, NÃO ADIANTA DAR DESCULPAS, É PRECISO RESOLVER O PROBLEMA.

6

Dê acesso ao consumidor

Antes de começar a falar sobre o tema proposto para este capítulo, que vem a ser o terceiro passo do meu método, quero que você visualize o seguinte cenário: imagine um campo muito bonito, com águas claras e árvores frutíferas. Você caminha tranquilamente por ele, feliz e em paz. Tudo ali é tão bom que você gostaria que outras pessoas pudessem desfrutar também desse momento e desse ambiente. Para chegar até você, entretanto, precisam atravessar um rio de águas turvas. Mas não há uma ponte que ligue um lado ao outro. E agora?

É assim que vejo muitos empreendimentos: empresas incríveis que oferecem produtos ou serviços muito interessantes, mas sem mecanismos de aproximação com o público. Não apenas aproximação, vou mais além: não há qualquer acesso do público ao que oferecem.

Acesso, segundo o dicionário Michaelis,[27] é "possibilidade de chegar a; aproximação, chegada". Para mim, acesso acaba por ser um evento que promove a conexão mercadológica – a verdadeira inserção do empreendimento no mercado.

---

27 ACESSO. *In*: DICIONÁRIO Michaelis. São Paulo: Melhoramentos, 2021. Disponível em: https://michaelis.uol.com.br/palavra/vk3M/acesso/. Acesso em: 13 dez. 2021.

NEGÓCIO ESCALÁVEL

Mas alguns empreendedores criam produtos e serviços e não conseguem fazer com que o consumidor seja seu cliente.

É importante todo empreendedor entender que, ao criar o seu produto ou serviço, não pode partir apenas de um desejo ou paixão pessoal, mas precisa desenvolver a relação desse produto com a sociedade.

Esses tais eventos – por que não shows – de estratégias servem justamente para criar uma ponte entre o empreendimento e o público e assim o acesso (de maneira física ou virtual). Diante disso, você tem uma decisão muito importante a tomar: o que você oferece ao mercado é *inclusivo* ou *exclusivo*? Essa decisão está relacionada com a definição do público que deseja que atravesse a ponte para se conectar a você – o que, geralmente, leva em conta classe social, gênero, gosto pessoal, grau de instrução e alinhamento de valores.

Classe social e gênero são pontos muito utilizados para criar acesso ao público, pois é o que se usa, habitualmente, para excluir o sujeito de uma determinada atividade; portanto, a opção de trabalhar com um mercado *exclusivo*.

Já o gosto pessoal, em geral, está ligado ao segmento alimentício, como os casos Coca-Cola × Pepsi, McDonald's × Burger King. As pessoas, nessas situações, escolhem um produto ou outro e tornam-se defensoras somente por seu gosto pessoal. E não há lugar para a neutralidade do consumidor, para o "tanto faz", porque o grupo neutro não comenta e não aposta na marca, mesmo se a consome, e as marcas não gastam muita energia para manter os neutros em seu *mailing* de clientes, porque eles não ajudam a construir seu *branding*. Os defensores – ou "advogados'" da marca –, por outro lado, quando provocados pelo concorrente, deixam ainda mais arraigado o seu posicionamento de preferência.

132

DÊ ACESSO AO CONSUMIDOR

Nasce, nesse momento, o acesso: desejo pelo gosto pessoal. Tão arraigado na mente do consumidor que, no momento em que escrevo isso, minha assessora Laís, ferrenha defensora do McDonald's, começou a salivar só com a menção do nome e fez questão de parar o trabalho para pedir um lanche. Agora pergunto: trata-se de uma estratégia de acesso inclusivo ou exclusivo para o mercado?

Se você optar por trabalhar por um mercado *inclusivo*, ou seja, de oferta que inclui, significa que você trabalhará com um grande público, mercado de massa, mais abrangente, e com isso precisará desenvolver estratégias para atrair o mercado. Por isso, quem deseja trabalhar com o mercado inclusivo precisa olhar a empresa de fora para dentro, colocando-se na posição de consumidor, para perceber exatamente o acesso que é necessário; sair da posição de vender para ajudar o cliente a comprar.

Para aceitar o desafio de gerar acesso a uma grande fatia do mercado, é preciso que o seu propósito esteja perceptível, pois é o maior elemento para gerar acesso.

Para exemplificar esse acesso ao mercado inclusivo, em 2020, a Apple lançou o projeto "iPhone pra Sempre" com a proposta de facilitar a aquisição do smartphone. No programa, o cliente opta pelo pagamento de parcelas mensais fixas que variam de acordo com o modelo e armazenamento escolhidos, tendo o pagamento facilitado. Ou seja, a Apple deu acesso ao público, e 94 mil brasileiros compraram um iPhone através do projeto.[28]

---

[28] VELOSO, T. iPhone parcelado em 22 vezes conquista 94 mil pessoas no Brasil. **Techtudo**, 23 set. 2021. Disponível em: https://www.techtudo.com.br/noticias/2021/09/iphone-parcelado-em-22-vezes-conquista-94-mil-pessoas-no-brasil.ghtml. Acesso em: 13 dez. 2021.

É IMPORTANTE TODO EMPREENDEDOR ENTENDER QUE, AO CRIAR O SEU PRODUTO OU SERVIÇO, NÃO PODE PARTIR APENAS DE UM DESEJO OU PAIXÃO PESSOAL, MAS PRECISA DESENVOLVER A RELAÇÃO DESSE PRODUTO COM A SOCIEDADE.

DÊ ACESSO AO CONSUMIDOR

Esse mercado está muito ligado à defesa de marcas a fim de promover uma inclusão social, e a exclusividade com promoção social precisa estar conectada com o propósito da marca e, geralmente, com questões econômicas.

Mas, no caso do público exclusivo, o produto ou serviço é destinado para um grupo específico de pessoas, um nicho, portanto utilizará estratégias de acesso para esse grupo segmentado. Por exemplo, ninguém compra um relógio da Rolex com a finalidade de ter as horas mais precisas, e sim pelo sentimento de pertencimento a um grupo elitizado. Certamente, o cliente costumeiro da Rolex não gostaria de ver seus apreciados relógios sendo vendidos a preços bem mais populares, porque o mercado exclusivo preza por não estar ao alcance de todos.

Outro exemplo é o que acontece com o mercado automobilístico. Existem algumas marcas tão exclusivas que optam por apresentar ao mercado modelos denominados apenas com códigos, como série 5, X6, GLC, A7 etc. Marcas como Mercedes-Benz, BMW e Audi fazem questão de que o produto não tenha mais expressão do que a própria marca. Em contrapartida, outras marcas precisam validar melhor o automóvel, já que a marca, por si só, não sustenta a expressão social por disponibilizar no mercado veículos de valores e conceitos muito distintos. Uma marca não suporta conceitos distintos, principalmente quando promove um posicionamento social.

Entretanto, existem marcas que atendem tanto o mercado inclusivo quanto o exclusivo. São as que trabalham com o público inclusivo, mas, pelo alinhar de valores, tornam-se

NEGÓCIO ESCALÁVEL

pertencentes ao mercado exclusivo por defenderem uma causa quase humanizada. Trago como exemplo a Royal Canin, fabricante de alimentos para animais domésticos que tem como estratégia de acesso vender exclusivamente em pet shops, excluindo mercados e agropecuárias de sua distribuição. Com isso, firma-se um propósito de atender apenas os consumidores que possuem uma relação muito afetuosa com seus pets, que se preocupam com a saúde e bem-estar deles, buscando serviços profissionalizados.

Independentemente do mercado escolhido, lembre-se de que a sua criação precisa partir da sociedade e se destinar para a sociedade, de uma necessidade (a "dor do público" já não é novidade) ou de um desejo – nem que para isso você modifique o comportamento do consumidor.

Um marcante *case* de sucesso que ilustra essa mudança de comportamento aconteceu no início da década de 1980, quando Magim Rodriguez, então presidente da Lacta, criou uma forma de chamar a atenção dos clientes para aumentar a venda de ovos de chocolate na Páscoa. Magim notou que já não havia mais espaço para uma nova estante de chocolates da Lacta nas Lojas Americanas, a maior varejista da época e, ao descer as escadas da maior loja da rede, no Rio de Janeiro, descobriu uma oportunidade não apenas para posicionar de um jeito diferente os ovos, mas que acabaria mudando o comportamento de compras.

Com grades aéreas no teto, Magim criou o que hoje conhecemos como parreiras de Páscoa, que modificou o comportamento do público, acostumado apenas a olhar para a frente. Com o sucesso em vendas, essa estratégia tornou-se regra em todas as lojas da rede e viralizou também em todos os mercados do país, fazendo com que outras marcas aderissem à novidade. A Páscoa passou a ser a única época do ano em que os consumidores voltam o olhar para cima, e não somente para a altura dos seus olhos. Com isso, criou também entretenimento aos clientes, propondo uma nova experiência de compra.

Note que um olhar perspicaz de Magim enquanto descia as escadas, em frações de segundos, mudou toda a história e a forma de comprar chocolates na Páscoa de todo o Brasil, trazendo grandes resultados à indústria e ao comércio varejista. Enquanto empresas investem milhões para mudar sabor, embalagens e formatos para aumentar sua fatia de venda, foi através de um comportamento simples, mas arrebatador, que a Lacta realmente teve êxito.

Ainda sobre um comportamento simples que pode gerar um grande resultado, trago um exemplo pessoal. No ano de 2002, quando montava a minha segunda clínica odontológica, devido a algumas regras do Conselho de Odontologia (que privava muitas possibilidades) e também aos poucos recursos financeiros de que dispunha para o marketing naquele momento, decidi fazer ímãs de geladeira, moda na época. E, para que houvesse uma permanência do meu brinde na porta da geladeira, fiz um ímã com calendário – até porque, só ficava na geladeira o ímã de serviços essenciais e rotineiros, como o do entregador de gás e da pizzaria, uma vez que o serviço de um dentista é mais casual. Essa prática era muito usada na década de 1990 e início dos anos 2000, tradicionalmente pelo comércio varejista, principalmente no fim de ano, quando as empresas o confeccionavam para presentear aos seus clientes.

Agora dobre a atenção: em todo mercado existe uma lacuna e em toda lacuna existe um mercado – ou uma armadilha. Eu sutilmente encontrei uma nova forma de acesso. Ora, se eu entregasse o ímã com calendário na recepção da clínica aos meus pacientes, seria recebido como um singelo brinde. Mas qual foi a grande sacada? Encomendei em grande escala para que o ímã fosse distribuído em toda a cidade, para que fosse como um pequeno outdoor na casa de pessoas que não conheciam a clínica nem a mim, e aí sim o cunho do marketing seria eficiente.

> Enquanto empresas investem milhões para mudar sabor, embalagens e formatos para aumentar sua fatia de venda, foi através de um comportamento simples, mas arrebatador, que a Lacta realmente teve êxito.

Lembro como se fosse ontem que um concorrente descobriu qual era a gráfica em que eu havia feito os ímãs e também mandou fazer para a sua clínica. E, em uma conversa informal com o dono da gráfica, soube que o concorrente encomendou uma quantidade muito tímida de ímãs. Ele me perguntou: "Você não se preocupa?". Eu não me preocupava, pois o segredo não estava no ímã, e sim na maneira como eu me conectava com o mercado. Eu encontrei uma oportunidade e ele, uma armadilha, já que, ao usar a estratégia de maneira errada, não atingiu o objetivo principal: atrair novos clientes.

Portanto, deixo o meu conselho: quanto mais sensibilidade, mais acesso haverá entre você e seu público. E é interessante pensar na humanização dos acessos. Muitos empreendedores

DÉ ACESSO AO CONSUMIDOR

utilizam apenas acessos relacionados à precificação: grandes promoções e feirões com preço mais baixo. Essas estratégias já são comuns ao mercado, mas não são as únicas para se conectar ao público, até porque ele já está tão habituado com essas façanhas que as vê até como falácias. Uma vez que você diminui o preço do seu produto ou serviço na ânsia de dar acesso para o público, você pode acabar baixando a qualidade daquilo que produz (comprometendo o custo de produção para poder diminuir o preço final), e também o seu lucro.

Nem tudo é preço baixo. Quando paramos de nos preocupar com a concorrência, paramos de pensar com a mente viciada e damos mais atenção ao consumidor, ao que ele está vivendo e suas necessidades reais. Na relação presa-predador, você pode ser o predador, ou seja, comandar o jogo. Explico.

Algum tempo atrás, ouvi uma conversa de um colaborador que dizia para o outro que precisava comprar um terno novo para um baile de formatura naquele fim de semana. Ele foi a determinada loja da cidade, que vou chamar de loja A, e escolheu um terno no valor de 1.000 reais. Encontrou o mesmo terno na loja B por 1.200 reais, e na loja C por 1.400 reais. Ele não tinha dinheiro o suficiente para comprar o terno e, se fosse parcelar a compra, só poderia pagar a primeira parcela em noventa dias.

A loja C, de valor mais alto, inteligentemente ofereceu a ele a possibilidade de comprar o terno com essas condições de pagamento. Sabe o que aconteceu? Ele comprou da loja C, porque ela era a predadora, comandava o jogo. Vendeu o produto e ainda lucrou 40% a mais do que o valor estipulado, porque ofertou um melhor acesso a ele – atendeu a necessidade do cliente.

Em nossa sociedade de consumo, o que vem antes? O dinheiro ou a necessidade? Geralmente a necessidade. A loja C soube trabalhar a urgência da necessidade do cliente, dominando o jogo. Essa é apenas uma possibilidade do que antes denominei show do acesso. E a esse acesso humanizado chamo customização. A customização é a personalização, adaptação, adequação, e pode ser feita no produto ou serviço em si, ou ajudando o seu cliente a comprar.

Outro tipo de acesso que se pode gerar para cruzar a ponte entre clientes e empreendimento é entender o habitual marketing feito para o público. Pensando nisso, faz-se necessário entender que o marketing precisa desenvolver mais e melhor não somente a embalagem, mas principalmente o conteúdo do que produz, deixando de ser um mercado baseado na superficialidade.

Todos reconhecemos a importância da consciência de marca como a porta de entrada – o acesso – para o consumidor. Mas ainda vemos os profissionais de marketing lutando para que a própria marca seja lembrada pelo cliente, tentando ser um *top of mind*. Tentam induzir o consumidor a comprar e a defender a sua marca e, em geral, isso significa que a marca não conseguiu converter o interesse em compra. Depois gastam grandes somas em dinheiro, energia e tempo para desenvolver aquela tão esperada vantagem inicial da popularidade em seu produto ou serviço, para criar acesso ao progresso natural.

QUEM DESEJA TRABALHAR COM O MERCADO INCLUSIVO PRECISA OLHAR A EMPRESA DE FORA PARA DENTRO, COLOCANDO-SE NA POSIÇÃO DE CONSUMIDOR.

Por isso, entender como o marketing funciona para gerar acesso é fundamental. São três as modalidades do marketing: viral, tradicional e digital.

O mais antigo e eficiente de todos é o **marketing viral**, o conhecido "boca a boca". Em quem você confia mais: em uma propaganda ou na recomendação de um amigo? É mais provável que confie naqueles que compartilham seus valores e crenças.

Já o **marketing tradicional**, geralmente, permeia-se por meio de televisão, revistas, outdoors etc. Esse marketing é como uma apólice de seguros, já que nos dá mais segurança, pois trabalha o posicionamento de *branding* de produto ou de serviço de maneira mais acentuada, percebida em um período maior, porém trazendo a consagração. Geralmente, usa a imagem de celebridades, pessoas famosas e influentes. E, é claro, essas campanhas milionárias funcionam muito bem. Mas é muito importante entender a definição da manobra de massa ou quando usar o endosso da celebridade.

Supõe-se que, usando um rosto ou um nome reconhecido, as pessoas vão confiar em sua palavra. A falha nessa suposição é que o status de celebridade possa por si só influenciar o comportamento. Para que funcione o endosso da celebridade, entretanto, é necessário que ela represente alguma causa ou crença muito clara. Por exemplo, não acho que o endosso de um cantor sertanejo auxilie na venda de um tênis da Nike; o Neymar assumiria melhor essa posição. Assim como o Cristiano Ronaldo não poderia representar um refrigerante como a Coca-Cola – tanto é que no dia em que o atleta rejeitou cordialmente a bebida durante uma coletiva de imprensa, a marca perdeu 4 milhões de dólares em questão de minutos na bolsa de valores.[29]

Por fim, o **marketing digital** vem a ser um lugar de todos – quase um mundo paralelo –, pois, de maneira menos ou mais profissionalizada, todos podem estar lá. E, por ser uma ferramenta de bem comum, temos dificuldade de aferir credibilidade nela, independentemente de uma marca investir grandes valores, já que permite arbitrariedades, até mesmo inverdades, por não garantir muito controle do que se produz. Mesmo com alguns casos que conseguiram se construir com profundidade, como a Amazon, o Mercado Livre e o Facebook, isso não é o que acontece com a maioria. E mesmo esses *cases* de sucesso na internet também constroem *branding* no marketing tradicional.

> Entender como o marketing funciona para gerar acesso é fundamental.

Porém, o marketing digital é um bom meio para pitch de vendas e para a construção de um avatar – uma personalidade que pode ser dos diversos segmentos, como Roberto Shinyashiki, Paulo Vieira, José Roberto Marques, Luiza Trajano, Janguiê Diniz, João Apolinário etc. E, vale ressaltar, a intensidade desse marketing vem crescendo cada vez mais. Há algum tempo, você poderia aparecer apenas uma vez por semana na internet. Com o tempo, tornou-se necessária uma presença. Hoje em dia, há quem publique de hora em hora, pois entendeu a necessidade de ser percebido constantemente, nessa disputa para absorver a atenção do público.

---

29 SIMÕES, L. F. Coca-Cola e Cristiano Ronaldo: entenda tudo por trás da polêmica. **Estadão**, 16 jun. 2021. Disponível em: https://einvestidor.estadao.com.br/mercado/coca-cola-cristiano-ronaldo. Acesso em: 13 dez. 2021.

Diante disso tudo, o empreendedor, independentemente de seu segmento, precisa criar uma forma de acesso ao público que pretende atingir de acordo com o mercado em que está inserido. Preço baixo e promoções são boas formas de atrair o consumidor, mas não são as únicas; dar condições de compra e ajudar o seu cliente a comprar é uma ferramenta interessante a se pensar e aplicar.

Se o seu cliente conseguir cruzar a ponte que o distancia de você, o caminho para atingir o topo fica mais curto. Com ele ao seu lado, vamos refletir sobre como mantê-lo ali, garantindo algo também essencial para o seu negócio: a longevidade.

O MARKETING DIGITAL É UM BOM MEIO PARA PITCH DE VENDAS E PARA A CONSTRUÇÃO DE UM AVATAR – UMA PERSONALIDADE QUE PODE SER DOS DIVERSOS SEGMENTOS.

7

Crie longevidade para o seu negócio

Depois de escolher o formato de seu empreendimento, definir o mercado e facilitar o acesso do público ao seu empreendimento, é preciso continuar constante no caminho do empreendedorismo. Anote um conselho para permear sua vida empreendedora: seja persistente!

Para falar da longevidade de um empreendimento, é preciso compreender exatamente o que é ser persistente. Ser persistente é dar continuidade e progressão; é ter um desenvolvimento, sem permitir que os altos e baixos afetem aquilo que se faz. Por isso, cuidado! Ser persistente é diferente de ser teimoso. A teimosia é insistência após perceber um equívoco, após não receber a aprovação do que se está fazendo no mercado. E nada conquista longevidade sem aprovação do público – até porque um negócio a longo prazo precisa auferir receitas, por mais tímidas que sejam, a curto prazo para manter-se em pé.

Digo isso porque, quando lançamos algo novo, é preciso despertar o desejo por quem vai consumir; vou chamá-los de percebedores iniciais da inovação. À medida que esses percebedores iniciais notam as vantagens trazidas pela sua inovação, o valor da inovação, eles se tornam maleáveis quanto a tolerar alguma imperfeição que porventura ocorra com o produto ou serviço, vendo um potencial por trás da genialidade.

No início da sua introdução ao mercado, esse pequeno público sustentará o seu negócio. E o uso cultural em massa, que chamo de público despercebido, só será convencido a partir da manobra desse público de apoiadores.

Segundo o autor e palestrante Simon Sinek,[30] o sucesso no mercado de massa só pode ser alcançado depois que o seu empreendimento penetrar cerca de 15% a 18% do mercado. Por isso, seja persistente se ainda não alcançou esse percentual, pois, mesmo que leve um tempo, se o crescimento for constante, vale a pena.

Pensar em longevidade é também pensar em defender o seu empreendimento. A sua defesa da marca precisa ser constante. Não se pode ser ingênuo e pensar que tudo é estático e ponto-final. A qualquer momento, uma empresa pode sofrer ataques à sua marca – seja uma empresa consolidada ou a mais recente startup. Você pode ser surpreendido por plágios, roubo de dados, ataques de hackers, fake news ou qualquer outro crime cibernético.

Eu mesmo, com a Odonto Excellence, quando resolvi atingir presença maior no mercado, decidi fazer inserções publicitárias na televisão em nível nacional e, com isso, os ataques

---

[30] SINEK, S. **Comece pelo porquê**: como grandes líderes inspiram pessoas e equipes a agir. Rio de Janeiro: Sextante, 2018. p. 189.

contra a marca cresceram 1.000%. Desde boatos maldosos, ataques ao meu servidor e, principalmente, cópia da marca.

Mas isso não é novidade. Não é um mal que assola apenas as novas gerações de empreendedores. Desde 1916, a Coca-Cola dispensa energia, tempo e gastos financeiros para se desvencilhar de 153 impostores que tentaram pegar carona no mercado, como parasitas, lançando réplicas e marcas para confundir o cenário. Bebidas como Fig Cola, Koka Nola, Cay-ola etc. surgiram com nomes e produtos semelhantes na tentativa de se encaixarem no mercado através do sucesso de uma marca consolidada.[31] Até hoje esse tipo de situação acontece.

Um conselho? Não gaste seu tempo e energia tentando uma demanda jurídica, protegendo suas criações e muito menos cometendo um grande erro ao comprar essas empresas por valores grandiosos e irreais apenas com a intenção de destruí-las. Infelizmente, esse tipo de jogo sempre fez parte da vida do empreendedor. É mais interessante concentrar-se no desenvolvimento do seu produto ou na criação de novos.

Essa briga é tão acirrada que muitas marcas buscam incessantemente por proteção para conseguir atingir um nível de amadurecimento em que apenas um símbolo consiga representar todo o seu portfólio. Algumas empresas conseguem fazer a consolidação de seus produtos ou serviços de maneira tão perceptível que transformam suas logomarcas em símbolos emblemáticos, fazendo com que as pessoas se inspirem a usá-las para se afirmar.

---

[31] RIES, A.; TROUT, J. **Marketing de guerra**. São Paulo: M.Books, 2006. p. 120.

Um símbolo pode carregar todo o significado, cultura e valores da empresa, garantindo o mais autêntico megafone de suas atividades, filtrando claramente a si mesmo e trazendo à tona tudo que vem a partir dele. Alguns casos mais

Nada conquista longevidade sem aprovação do público.

recorrentes são a Nike, a Positivo e a Lacoste – nas quais o símbolo vai mais além do que apenas a representação da marca.

Longevidade também é fidelizar o cliente. É preciso cuidar do cliente, mantendo-o engajado em seu empreendimento. No mundo do empreendedorismo temos de tomar cuidado para que a porta dos fundos de sua empresa não esteja do tamanho da porta de entrada. Devemos cuidar para que os clientes permaneçam o maior tempo possível fiéis a nossa empresa.

Mas existem empresas que passam a impressão de sempre inaugurar um novo negócio quando, na verdade, ainda são os mesmos. Isso porque, ao analisá-las, há uma mudança quase que na totalidade de seus clientes e parceiros. No início dos anos 2000, fui contratado para fazer a análise de uma empresa cujo *core business* era produzir listas telefônicas impressas. Esse item pode ser um pouco desconhecido para as novas gerações, mas pergunte aos seus pais sobre as famosas páginas amarelas, e eles certamente se lembrarão. Nessa empresa, a dificuldade era renovar o contrato no ano seguinte com os seus assinantes.

Observei o método de abordagem para vender os espaços de anúncio. O pitch de venda com um cliente para uma possível venda de assinatura era: "Quem não é visto não é lembrado". Com isso, o cliente volta seguro para o seu comércio pensando "Agora as pessoas vão me procurar naturalmente porque estou sendo visto". Mas ter seu anúncio nas páginas amarelas da lista telefônica, mesmo sendo o maior meio de divulgação da época, não era garantia de atrair clientes para um empreendimento. E, como o resultado esperado não vinha, a renovação do anúncio no ano seguinte tinha pouca motivação para acontecer. A porta de saída ficava do mesmo tamanho da porta de entrada; por isso, parecia uma empresa nova, pois tinha que encontrar novos clientes.

Talvez uma abordagem mais assertiva fosse: "Se o seu cliente te procurar, ele precisa te achar". O time de vendas da empresa precisa tomar cuidado para não criar expectativas que não se cumpram. Quando a experiência corresponde às expectativas ou as excede, o cliente desenvolve uma sensação de afinidade, e as empresas se beneficiam do valor do tempo de vida do cliente dentro da empresa.

Um importante conceito para pensar na fidelização de clientes é o *lifetime value* (LTV). Esse termo oriundo do inglês – em tradução livre, valor vitalício –, significa o lucro líquido da vida de um cliente dentro da empresa durante todo o tempo em que ele comprar de você. Se você mensurar quanto custa atrair a atenção de um novo cliente e quanto custa convencê--lo a permancer com você, perceberá que o *lifetime value* é uma arma robusta.

Esse relacionamento nos dá condições de rastrear o comportamento após a compra do consumidor e medir a

INDEPENDENTEMENTE DO MERCADO ESCOLHIDO, LEMBRE-SE DE QUE A SUA CRIAÇÃO PRECISA PARTIR DA SOCIEDADE E SE DESTINAR PARA A SOCIEDADE, DE UMA NECESSIDADE (A "DOR DO PÚBLICO" JÁ NÃO É NOVIDADE) OU DE UM DESEJO – NEM QUE PARA ISSO VOCÊ MODIFIQUE O COMPORTAMENTO DO CONSUMIDOR.

CRIE LONGEVIDADE PARA O SEU NEGÓCIO

retenção de clientes, pois o indicador da recompra é um forte sinalizador da fidelidade do cliente. Quando falamos de longevidade, é preciso pensar nos custos de uma empresa e, sem dúvida, manter um cliente é muito mais barato do que conquistar um novo.

De modo mais acentuado, o nível de satisfação com a empresa garante que um cliente indique outros para esse empreendimento, seja de maneira passiva, por pura satisfação, ou de maneira ativa, quando o cliente é provocado a indicar alguém por um plano de benefícios (como *cashback*, descontos, vantagens, bonificações etc.). A esse valor das indicações de outros clientes chamamos de *customer referral value*.

> O time de vendas da empresa precisa tomar cuidado para não criar expectativas que não se cumpram.

Além de cuidar do cliente, é preciso cuidar do colaborador para a longevidade. Tenho em mente a máxima de que o que torna o mundo tão interessante são as nossas diferenças, não as semelhanças – inclusive no trabalho! Por isso, por mais que você crie um conjunto de regras e normas bem definidas para as atividades laborais, as regras não significam enrijecimento nos relacionamentos.

O motivo do sucesso da raça humana não é sua força ou seu tamanho; isso por si só não garante o sucesso, mas a capacidade de formar grupos de pessoas que se reúnem em torno de um conjunto comum de valores, que formam suas crenças e resultam em culturas. Vivemos um "novo normal" graças ao acesso à informação e à maior liberdade de pensamento e expressão. Ao longo do tempo, isso fez com que a cultura de trabalho se modificasse pensando em longevidade.

Hoje, um colaborador já não pensa mais em ter um único emprego registrado em sua carteira de trabalho, o que significava ser o mais experiente entre todos, o veterano da organização, o que, de certa forma, representava uma visão de fidelidade ao trabalho. Mas era mesmo fidelidade ou falta de liberdade? Pensando no novo normal, é preciso criar uma cultura organizacional adaptável às regras impostas.

Quando resolvi fazer uma reforma em meu escritório de São Paulo para supervisionar a obra, pedi que um colaborador de confiança deixasse a base do Paraná para essa tarefa. Ele teria de ficar alguns dias no escritório porque a obra era grande, envolvia muitos funcionários, e eu queria estar a par de tudo. Em um fim de semana, ele me comunicou que estava voltando ao Paraná por ter um compromisso muito importante e inadiável. Envergonhado, me contou que precisava voltar para casa porque sua cachorrinha precisava ser operada e ele teria de acompanhá-la ao veterinário. Eu entendi o motivo, mas sei que alguns gestores veriam com maus olhos minha atitude de apenas pedir a ele notícias de sua filhinha pet e que não se preocupasse com o restante.

Nos dias atuais, o melhor comportamento de um líder é tentar entender a vida das pessoas e da estrutura da empresa. Cada vez mais se fala em qualidade de vida no trabalho, associada a outros benefícios. Empresas precisam apostar em seus colaboradores para que se tornem mais produtivos e estimulem novos talentos em novas funções. Há uma preocupação com a melhora na produtividade, em seus aspectos qualitativos e de equilíbrio. É importante não olhar os problemas apenas no modo "macro", mas atentar aos pequenos problemas também, pois eles podem destruir uma grande obra (empreendimento).

Imagine-se passando por determinada rua onde há aqueles prédios antigos, já condenados, e uma equipe de segurança faz a proteção devida e anuncia que vai implodir um prédio. Câmeras dos veículos de comunicação estão ali querendo filmar tudo para noticiar em seus jornais. Eis que alguém grita: "Vai implodir!", e a quantidade de pessoas que param para observar aquela grande destruição é grande. Pense agora num outro cenário: se você der nas mãos de um funcionário uma marreta e pedir que ele quebre tijolo por tijolo, ele vai demorar para destruir aquela velha construção, mas vai conseguir. Cedo ou tarde, o edifício também estará totalmente destruído. E eu pergunto: quantas pessoas vão parar para assistir a retirada de tijolo por tijolo?

> Além de cuidar do cliente, é preciso cuidar do colaborador para a longevidade. Tenho em mente a máxima de que o que torna o mundo tão interessante são as nossas diferenças, não as semelhanças – inclusive no trabalho!

O que eu quero dizer é que são assim os nossos empreendimentos. Todo o nosso time percebe um grande problema. Mas os pequenos problemas, quase ninguém vê. Cuidado, porque eles também destroem a obra e, se você não cuidar deles, ninguém mais o vai fazer. Fique atento!

Não me refiro apenas a problemas como conflitos a resolver, mas àquilo que impede a empresa de ter equilíbrio.

NEGÓCIO ESCALÁVEL

Trago um caso prático: onde está o T.I.? Na atualidade, é impossível pensar em avanço tecnológico de um negócio sem pensar em T.I., em criação de softwares, desenvolvimento de aplicativos e suporte relacionado à informática. Há três anos, eu já notava a falta de profissionais qualificados da área no mercado de trabalho, pois preciso dessa mão de obra em minhas empresas.

Naquela época, era um problema pequeno, mas eu já estava ciente dele – como se eu já ouvisse o barulho da marreta –, mesmo quando as pessoas não observavam essa necessidade. Hoje, é mais do que um problema, é o início de um caos – o estopim já está aceso e já começo a ouvir: "Vai implodir!" – a falta que o profissional de tecnologia da informação pode fazer para o avanço da tecnologia nas empresas.

O departamento de T.I. precisa ter a mesma relevância que tem o departamento de R.H., de contabilidade, de marketing etc., e ganha relevância de tal maneira que no futuro a programação fará parte, talvez, até das escolas do ensino médio regular. Acredito piamente nessa possibilidade de que em breve os alunos serão estimulados a aprender em um mundo cada vez mais digital e mergulhar de vez na programação.

Quando eu era criança, os meus avós se gabavam porque eram alfabetizados. Hoje, dispensa comentários do quão comum e básica é essa habilidade. A caligrafia, aprendida na escola e motivo de orgulho dos pais, hoje nem sequer recebe atenção. Atualmente, pouco escrevemos no papel porque passamos a maior parte do tempo digitando ou executando comandos de voz. Aliás, minha grande frustração da vida é ter letra feia!

156

O que quero afirmar com tudo isso é que, com o avanço da tecnologia, a tendência é a maioria da população aprender cada vez mais sobre programação, diminuindo o nosso tempo de implantação dessas inovações – justamente por sua alta produção. A disputa já não é mais a inovação em si, mas como implantá-la no nosso cotidiano. O novo envelhece muito rapidamente.

> O motivo do sucesso da raça humana não é sua força ou seu tamanho; isso por si só não garante o sucesso, mas a capacidade de formar grupos de pessoas que se reúnem em torno de um conjunto comum de valores

Defendo que chegará o momento em que as pessoas vão pensar e programar ao mesmo tempo, e programar deixará de ser um diferencial, pois será uma habilidade comum a todos. O diferencial será como aplicar programação às suas grandes ideias.

Confesso que, até pouco tempo atrás, essa ideia me frustrava porque eu percebia que as pessoas não estavam em sintonia com o meu ponto de vista. E, como não notava os grandes nomes da tecnologia de acordo comigo, eu mesmo me questionava se estava certo. Até que encontrei o depoimento de Tim Cook, CEO da Apple, sucessor de Steve Jobs, em que afirma: "Se eu fosse um estudante francês de 10 anos, acho que seria mais importante para mim aprender a programar do que aprender inglês. Não estou dizendo que não devam aprender inglês, mas a programação é uma linguagem que você pode usar para se comunicar com 7 bilhões de pessoas do mundo" – o mundo todo.[32]

---

[32] KAHNEY, L. **Tim Cook**: o gênio que mudou o futuro da Apple. Rio de Janeiro: Intrínseca, 2019. p. 191.

Pensar em tudo isso é essencial para a longevidade de um negócio: consolidar sua marca, atrair e cuidar do cliente, modificar sua relação com os colaboradores e observar as tendências para que o que acontece agora seja apenas um obstáculo, e não um grande problema. Alinhar esses pontos ajuda a pensar em escalabilidade, ou seja, em crescer e multiplicar a sua empresa. Volto a dizer: nada que é difícil cria escalabilidade.

PARA FALAR DA LONGEVIDADE DE UM EMPREENDIMENTO, É PRECISO COMPREENDER EXATAMENTE O QUE É SER PERSISTENTE. SER PERSISTENTE É DAR CONTINUIDADE E PROGRESSÃO.

8

Uma grande montanha pode ser escalada com sucesso em um curto prazo

Como você pode perceber, o empreendedorismo é uma grande jornada, como uma montanha a ser escalada: não é fácil, podem existir alguns obstáculos no meio do caminho. Mas acredite: vale muito a pena, não somente pela conquista de alcançar o topo como também pela paisagem, que é linda – seu sonho concretizado com sucesso.

Aqui, nesta obra, convidei você a dar um passo da porta para fora do empreendimento para olhar por uma nova perspectiva para o que acontece ao longo dessa caminhada e saber como estruturar sua empresa.

Na verdade, antes de começar a caminhar rumo ao cume da montanha, a jornada começa dentro de cada empreendedor quando ele resolve colocar a mão na massa. Como eu contei no primeiro capítulo, os empreendedores podem ser divididos em dois sujeitos: o campal, que busca incessantemente a segurança, e o alpinista, que deseja o desafio, sair de sua zona de conforto.

E, se você chegou até aqui, certamente é do tipo alpinista, pois aceitou o meu convite de desafiar a si mesmo e empreender de uma maneira diferente daquela que já conhecia antes.

Absolutamente tudo começa na mente! Quando sua mente cria uma ideia de um negócio, é preciso transformá-la em uma paixão, depois em uma convicção, e então desapegar-se dessa paixão convicta para conseguir enxergar as possíveis falhas e aprimoramentos, adicionar um propósito ao que pretende fazer. Essa motivação precisará estar sempre em evidência, pois será o alimento para toda a prática que virá na sequência.

> **A jornada começa dentro de cada empreendedor quando ele resolve colocar a mão na massa.**

Certo do que vai fazer, acredito eu, que a essa altura você está decidido a empreender no modelo de startup, pensando em lançar inovações ao mercado. E, por isso, atentará a quatro importantes passos: formato, mercado, acesso e longevidade, desenvolvendo uma boa estrutura para a sua ideia.

Colocará o empreendimento no formato mais adequado ao seu propósito, aprenderá a analisar o mercado em que ele está inserido, facilitará o acesso do público a ele e compreenderá tudo o que engloba uma empresa que possui longevidade. Os quatro pilares de sustentação do seu negócio precisam firmar-se nesses quatro passos.

Nenhum empreendimento consegue seguir adiante sem o formato adequado, sem compreensão do mercado, sem permitir que o público consuma o seu produto ou serviço e sem se organizar para uma certa longevidade. Por isso, a partir do que você leu até aqui, estou certo de que poderá adaptar o seu negócio, se ele já existir, ou pensar nas possibilidades de estrutura para abrir o seu negócio.

O EMPREENDEDORISMO É UMA GRANDE JORNADA, COMO UMA MONTANHA A SER ESCALADA: NÃO É FÁCIL, PODEM EXISTIR ALGUNS OBSTÁCULOS NO MEIO DO CAMINHO. MAS ACREDITE: VALE MUITO A PENA, NÃO SOMENTE PELA CONQUISTA DE ALCANÇAR O TOPO COMO TAMBÉM PELA PAISAGEM, QUE É LINDA – SEU SONHO CONCRETIZADO COM SUCESSO.

NEGÓCIO ESCALÁVEL

Ser empreendedor é o sonho de muitos, e ser um empreendedor que consegue realizar o seu sonho, adaptando-se a cada mudança da vida e do mundo só é possível se o indivíduo for um poço com a sua própria fonte. Todo empreendedor, quando consegue trazer à existência um grande projeto, principalmente carregado de inovação, torna-se uma espécie de poço de água cristalina em que muitas pessoas desejam saciar a sede: vão querer estar com você, aprender com você e saber dos seus grandes feitos. Por isso, essas pessoas se aproximam, convidam-no para festas, para fotos, entrevistas. A fama é o resultado do seu bom trabalho.

Mas o tempo passa. No passado, as mudanças eram lentas e a glória perdurava-se por mais tempo. Já não é mais assim. Todo poço, para ter longevidade, precisa de uma fonte. A fonte não aparece, mas é quem sustenta o poço sempre cheio.

Em que momento somos poços? Talvez no momento, lá dentro do seu quarto ou escritório, em que você está buscando novos aprendizados, criando novos produtos ou serviços, estudando, sem vícios mentais e sem holofotes, procurando por fontes. É nesse momento que o empreendedorismo está acontecendo.

Alguns empreendedores podem dizer que, por já serem muito experientes na área, são, por si sós, fontes do seu próprio poço.

Alguns dias atrás, em uma entrevista sobre minha empresa, me perguntaram: "Você deve ser um homem de muita experiência: depois de mais de três décadas como um empreendedor de sucesso, o que você tem a dizer aos novos empreendedores?", e eu tive a ousadia de responder que "eu me uno aos novos empreendedores para dizer que eu inicio hoje com vocês, como se estivesse iniciando agora, pois acredito que os malefícios da experiência são maiores do que os benefícios".

Explico melhor: os tempos mudaram, o novo fica velho rápido demais. Então para que serve a experiência? O que eu fazia há seis meses ou um ano atrás e me vangloriava, hoje, balanço a cabeça e faço totalmente diferente. Quase me envergonho de algumas atitudes que tomei no passado, isso significa que consegui evoluir e hoje estou melhor do que antes.

> Ser empreendedor é o sonho de muitos, e ser um empreendedor que consegue realizar o seu sonho, adaptando-se a cada mudança da vida e do mundo só é possível se o indivíduo for um poço com a sua própria fonte.

Então para que serve a minha experiência? O único benefício dela é me manter com os motores aquecidos. Cuidado! A experiência faz o empreendedor ficar na zona de conforto e com o ego inflado, julgando-se capaz de errar menos do que os novos empreendedores, mas há controvérsias.

Os empreendedores da atualidade não devem ter ego inflado pelos seus feitos do passado e nem uma mente viciada que já não tem mais condições de pensar de modo diferente. O empreendedor pode não perceber, mas esse poço está secando, e ele está ficando fora do jogo, fora do mercado e não competitivo. E, como uma brisa suave, quando menos se espera, enfraquece até desaparecer.

Em um momento em que eu fazia parte de um ciclo de palestras, em um jantar com um nobre professor palestrante, durante uma conversa informal, eu contava a ele que desde os meus 17 anos eu estudo de duas a quatro horas por dia. Ele se assustou e me disse: "Eu não gosto de ler, preciso criar esse hábito". Me espantei! Pensei: *Como pode um professor querer ensinar se ele não gosta de aprender?* Quando você é poço e busca suas próprias fontes, todos os dias, você tem coisas novas ou águas novas – novos conhecimentos – e assim mantém-se em pé, firme e constante.

E para motivá-lo ainda mais à renovação da mente, compartilho uma história que me norteia bastante: diz no livro da criação, a Bíblia Sagrada, que o povo da promessa estava no Egito sendo escravizado pelo maldoso rei-faraó. Esse povo fazia o trabalho mais pesado da nação, como o plantio, a colheita, a pesca, a fabricação de tijolos, as construções etc., e Deus, se compadecendo do povo judeu, disse para o líder Moisés: "vou tirá-los daqui e vou levá-los a uma terra que mana leite e mel".[33] Tiraria esse povo de um lugar mais pobre e com poucos recursos e os levaria a um lugar incrível, de "primeiro mundo", com muitas oportunidades e prosperidade. Mas, para isso, se fazia necessário atravessar um deserto.

O que me chama a atenção é que, segundo a história, eles andavam em círculos, quase sem direção. Será que Deus não tinha a direção correta? Claro que tinha, mas o povo precisava passar por uma preparação, pois, todos nós, para conquistarmos coisas melhores, precisamos estar preparados.

Durante os quarenta anos em que o povo caminhava para a terra prometida, nasceu toda uma nova geração

---

33 BÍBLIA. Êxodo. Português. *In:* Bíblia Sagrada, Cap. 33, vers. 3. Disponível em: https://bibliaportugues.com/exodus/33-3.htm. Acesso em: 13 dez. 2021.

que colocou à prova o mindset do passado, porque, mesmo tendo uma vida boa e todos os cuidados de Deus, qualquer problema que ocorresse, por maior ou menor que fosse, eles voltavam-se para o passado com uma mentalidade negativa: "que saudade dos tempos do Egito, dos tempos em que plantávamos pepinos e fabricávamos tijolos". A mente estava tão viciada no passado que não tinham condições de pensar no futuro.

Aquela nova geração que nasceu no deserto, por não ter a experiência do passado, tinha um mindset de crescimento – conseguiam enxergar o futuro. E o Criador, ao perceber que naquele grupo havia a experiência do passado, as mentes tradicionais, mas também os jovens, totalmente inexperientes e esperançosos, preparando-se para o futuro, causou uma ruptura com a história do passado. Ordenou que todos os experientes que saíram do Egito morressem nesse deserto, porque não tinham capacidade de se reinventar e de aprender coisas novas. Somente a nova geração estará preparada para o mundo futuro, a terra que mana leite e mel.

Ao fazer uma analogia com a atualidade e a nossa realidade: o lugar em que vivemos hoje pode não ser deserto, mas é um solo extremamente competitivo, com tecnologia, mudanças rápidas e constantes, disrupção, quebra de paradigmas e de conceitos, e se nós não tivermos capacidade de desapegar do tradicionalismo, entender as tendências para o futuro, criar inovações, tão logo morreremos para o mercado e não alcançaremos o tão almejado futuro promissor.

Contei todas essas histórias, fiz todas essas analogias, para deixar muito claro um ponto: tudo começa pela mente! Eu já disse isso no começo deste capítulo e, como um professor que quer desenvolver seus alunos, repito.

É a sua mente, a do empreendedor, que comanda tudo: abrir um negócio, encontrar e colocar no formato, criar produtos e serviços inovadores e desejáveis ao público, inserir-se no mercado, dar acesso, ganhar longevidade. E, se os cenários e as preferências do público mudarem e você precisar se adaptar a tudo isso, com os quatro passos, saberá como reorganizar a estrutura do seu negócio, pois permitiu abrir-se para o conhecimento e já sabe que precisará continuar constantemente nessa aprendizagem.

Como já disse: seja persistente!

SEJA
PERSISTENTE!

9

O sonho é
uma realidade
possível e
está ao
seu alcance

Muita gente busca o empreendedorismo na ideia de não ter mais um chefe, de não cumprir horários, de ter liberdade. Eu mesmo fui um desses! Quando falamos em liberdade, temos a sensação de vitória, de conquista... Mas, quando você é livre, pode acabar se tornando vulnerável. Hoje eu me considero um empresário de sucesso e tenho liberdade em vários aspectos, inclusive financeiro, o que me dá poder de realização, mas nem sempre foi assim.

Lembro como se fosse ontem de quando eu estava montando minha primeira clínica odontológica na cidade de Castro, no interior do Paraná. Na época, meu sócio e eu morávamos em uma cidade vizinha, a cerca de 100 quilômetros de distância, e decidimos que em um fim de semana nós mesmos faríamos a pintura da clínica, visto que a escassez financeira era grande e não podíamos pagar mão de obra para isso.

Depois de um sábado intenso de trabalho, meu sócio precisou retornar para sua casa e eu fiquei pela cidade para terminar o serviço no dia seguinte. O dinheiro que eu tinha naquela noite dava apenas para comprar um lanche. Pagar um hotel ou uma pousada? Nem pensar. Olhei para a carroceria da antiga caminhonete que eu tinha, havia uma lona e ali preparei a minha cama. Na madrugada, pelo desconforto, no momento em que eu me revirava na caçamba, passava na rua um grupo de pessoas que voltava da balada e, quando viram algo se mexendo debaixo da lona, gritaram: "Cuidado com o mendigo!". Quando ouvi aquilo, me deu um nó na garganta e uma lágrima rolou dos meus olhos. Respirei fundo e pensei: *Eu serei o dono da maior clínica odontológica desta cidade*. E hoje falo com muita clareza que a minha clínica é detentora da maior fatia mercadológica da cidade.

Portanto, empreendedores, ser livre é estar aberto ao sucesso exponencial que poderá acontecer e também provar das frustrações que a situação permite. Muitos não empreendem porque têm medo do fracasso. Empreender é ter coragem de se arriscar.

Uma criança quando nasce, com o tempo, exercita sua visão, audição e também sua percepção das coisas. Falar também acontece naturalmente, mas andar é o momento em que toda criança chora. Quem não presenciou ainda a cena que descrevo? Uma criança começa primeiramente a engatinhar, depois de um tempo, levanta-se aos poucos, apoiando-se no sofá e na cama, e dá os primeiros passos. Sem a devida sustentação, cai e chora. Sabe por que ela chora? Pelo sentimento de derrota.

Não muito tempo depois levanta-se novamente e tenta andar. Chegará o momento em que os primeiros passos desajeitados começam a aparecer. O pai e a mãe, emocionados, com os olhos marejados e os braços abertos, dizem:

"Vem, filho, vem andando". Pegam o celular, ligam para os avós e dizem: "Mamãe, seu neto está andando!". Os familiares se emocionam. Quando somos crianças, não entendemos muito, mas naquele momento somos notícia auspiciosa.

Aplicando na vida do empreendedor: para que seu negócio seja notícia e esteja estampado nas mídias, você não pode exercitar seu orgulho e seu ego. Acredite que em breve os seus passos vão virar manchete. Tenha coragem! É possível que você também tenha que enxugar as lágrimas, engolir o orgulho do fracasso e tentar de novo – quantas vezes forem necessárias. Mas o topo da sua montanha espera por você.

Comece hoje a empresa do amanhã!

MUITOS NÃO EMPREENDEM PORQUE TÊM MEDO DO FRACASSO. EMPREENDER É TER CORAGEM DE SE ARRISCAR.

O TOPO DA SUA MONTANHA ESPERA POR VOCÊ.

Este livro foi impresso pela Gráfica Rettec
em papel pólen bold 70g em fevereiro de 2022.